「通古察今」系列丛书

炎黄子孙的来源

李锐 著

2019年度国家社科基金冷门「绝学」和国别史等研究专项项目「新出简帛与战国古史系统研究」（19VJX006）阶段性成果

河南人民出版社

图书在版编目(CIP)数据

炎黄子孙的来源 / 李锐著. — 郑州：河南人民出版社，2019.12(2024.5重印)
("通古察今"系列丛书)
ISBN 978-7-215-12072-3

Ⅰ. ①炎… Ⅱ. ①李… Ⅲ. ①中华文化-研究 Ⅳ. ①K203

中国版本图书馆 CIP 数据核字(2019)第 270854 号

河南人民出版社 出版发行
（地址：郑州市郑东新区祥盛街 27 号 邮政编码：450016 电话：0371-65788075）

| 新华书店经销 | 永清县晔盛亚胶印有限公司印刷 |
| 开本 787 毫米×1092 毫米 | 1/32 | 印张 4.25 |

字数 60 千字

2019 年 12 月第 1 版　　　　2024 年 5 月第 3 次印刷

定价：48.00 元

"通古察今"系列丛书编辑委员会

顾　问　刘家和　瞿林东　郑师渠　晁福林
主　任　杨共乐
副主任　李　帆
委　员　（按姓氏拼音排序）
　　　　安　然　陈　涛　董立河　杜水生　郭家宏
　　　　侯树栋　黄国辉　姜海军　李　渊　刘林海
　　　　罗新慧　毛瑞方　宁　欣　庞冠群　吴　琼
　　　　张　皓　张建华　张　升　张　越　赵　贞
　　　　郑　林　周文玖

序　言

在北京师范大学的百余年发展历程中，历史学科始终占有重要地位。经过几代人的不懈努力，今天的北京师范大学历史学院业已成为史学研究的重要基地，是国家首批博士学位一级学科授予权单位，拥有国家重点学科、博士后流动站、教育部人文社会科学重点研究基地等一系列学术平台，综合实力居全国高校历史学科前列。目前被列入国家一流大学一流学科建设行列，正在向世界一流学科迈进。在教学方面，历史学院的课程改革、教材编纂、教书育人，都取得了显著的成绩，曾荣获国家教学改革成果一等奖。在科学研究方面，同样取得了令人瞩目的成就，在出版了由白寿彝教授任总主编、被学术界誉为"20世纪中国史学的压轴之作"的多卷本《中国通史》后，一批底蕴深厚、质量高超的学术论著相继问世，如八卷本《中国文化发展史》、二十卷本"中国古代社会和政治研究丛书"、三卷本《清代理学史》、五卷本《历史文化认同与中国统一多民族国家》、二十三卷本《陈垣全集》，以及《历史视野下的中华民族精神》《中西古代历史、史学与理论比较研究》《上博简〈诗论〉研究》等，这些著作皆声誉卓著，在学界产生较大影响，得到同行普遍好评。

除上述著作外，历史学院的教师们潜心学术，以探索精神攻关，又陆续取得了众多具有原创性的成果，在历史学各分支学科的研究上连创佳绩，始终处在学科前沿。为了集中展示历史学院的这些探索性成果，我们组织编写了这套"通古察今"系列丛书。丛书所收著作多以问题为导向，集中解决古今中外历史上值得关注的重要学术问题，篇幅虽小，然问题意识明显，学术视野尤为开阔。希冀它的出版，在促进北京师范大学历史学科更好发展的同时，为学术界乃至全社会贡献一批真正立得住的学术佳作。

当然，作为探索性的系列丛书，不成熟乃至疏漏之处在所难免，还望学界同人不吝赐教。

北京师范大学历史学院
北京师范大学史学理论与史学史研究中心
北京师范大学"通古察今"系列丛书编辑委员会
2019年1月

目 录

前 言 \ 1

导 言 \ 4

一、戴震的《诗〈生民〉解》\ 9

二、近现代古史研究述略 \ 24

三、现当代的古史研究与新进展 \ 29

    1. 重新认识古书的形成年代 \ 33

    2. 重新讨论古书中所记载的上古史问题 \ 36

四、周人的夏商周古史系统 \ 42

    1. 后稷与大禹的问题 \ 42

    2. 周初人对夏之前历史的认识 \ 47

五、周人的虞夏商周古史系统 \ 54

    1. 虞夏商周古史系统概观 \ 56

    2. 古史系统与礼制 \ 61

六、周人的炎黄古史系统 \ 75

    1. 炎黄古史系统的形成 \ 75

    2. 炎黄古史系统的细节 \ 82

    3. 古史系统与礼制 \ 94

七、黄帝一元古史系统 \ 101

    1. 各国的古史系统 \ 101

    2. 诸子的古史系统 \ 108

八、结语 \ 112

参考书目 \ 115

前言

本书讨论的是一个对华人华侨很重要的问题,那就是我们自称炎黄子孙,它缘何而来?是近现代的构建,还是真实的历史事实?能不能有考古学的证明?

本书的答案是:普遍意义上的炎黄子孙,是一个周礼指导下的文化构建,来源很早,是文化意义上的称谓,而未必是可以用考古学证明的历史事实。

不过,有关的讨论和古史研究密切相关。本书具体的研究过程是从挖掘近现代疑古派的古史研究古代来源说起,在历数近现代诸家的研究成果后,从"走出疑古时代"后的分歧谈起,结合出土文献重新认识古书的形成年代和古书中古史的年代问题,参考前人对于古史系统研究的成果,特别是顾颉刚等从时间角度出发整理古史系统,蒙文通等从空间角度入手整理古史系统,结合二者,指出从西周到东周,周人的古史系统存在三阶段差别:从夏商周古史系统,到虞夏商周古史系统,至炎黄古史系统——这就是炎黄子孙的来源。周灵王的太子晋明确地说到很多国家"皆黄、炎之后也"。周人为了解决一些礼制和文明的问题,利用当时各地流传的各种古史古训材料,逐步将祖先的时代提前,最终以黄帝为祖,形成了一个以炎黄为中心的复杂的古史系统。此后战国时期的诸侯国与诸子本之进一步发展,其中黄帝一元的古史系统影响最大,对后世产生了重大影响,推动了经学、史学、子学等的发展,但也造成了一些问题。

本书的编写,是严格地从古史系统的研究角度,讨论周人古史系统的变化及其原因,指出炎黄子孙的来源,不是直接正面地谈论这一问题。这样做的长处是能够说明其源流变化,不足之处则是核心问题不够明晰。不过,要把炎黄子孙的来源作为严肃的学术问题,自然不得不按照学术要求,同时也有必要结合当前的学术进展。

本书适合大学以上水平的教研者使用,也是专业的研究,适合相关研究者及上古史、文明史等领域的研究者使用。也适合对炎黄子孙来源说有兴趣的读者阅读。

导　言

"自从盘古开天地，三皇五帝到如今"，这是普通民众心目中的历史梗概。不过在民国时期，顾颉刚提出来"层累地造成的中国古史"说，认为古史开端应该从大禹开始，三皇五帝乃至盘古，都是后代一层一层地加上去的伪古史，引起了古史大讨论，学界也开始反思古史，重建古史。不过以大禹截断众流，则疑古之风所至，很多人当然也会认为中国人并非炎黄子孙，炎黄古史仍然是晚出层累的。

疑古之风是从疑古书年代开始的，当时胡适、顾颉刚这些人遍疑古书，古书篇章是否可用的尺度由他们掌握，因此其辩论似乎无往而不胜。不过真正面对像《尧典》中天文的年代这样的不利证据时，顾颉刚是隐没的；在《古史辨》第一册里，他也对胡适讲看到

导 言

了甲骨文中的古史人物,但是此信的这一段内容在《古史辨》第一册中被删去了。因此疑古绝对不是纯粹的学术问题。在疑古之风盛行时,王国维提出了"二重证据法",用甲骨文证殷商史,批驳了疑古派所谓"东周以上无史论",欲依靠甲骨金文材料及可期待的出土材料证明五帝的古史系统依然可靠,重建古史系统,在疑古之风中注入了一股暖流,但是却遇到了困难。后来其弟子中很多人都投入了疑古的阵营。比如目前所见出现"黄帝"名称最早的铜器是战国时的齐威王因齐敦,说明黄帝之称当时已经出现,铜器所记应该是对当时观念中已有黄帝的反映。但是徐中舒却用很典型的疑古派的观念说黄帝之名至此才初次出现,因为这符合顾颉刚的说法:"从战国到西汉,伪史充分的创造,在尧舜之前更加了许多古皇帝。"[1] 不仅如此,顾颉刚之说使得傅斯年、郭沫若等也受其约束,守其

---

[1] 顾颉刚《与钱玄同先生论古史书》,顾颉刚编著《古史辨》,第一册,上海古籍出版社,重印本,1982,第61—66页。

藩篱[1]。

　　直到五种社会形态说中用摩尔根之说，讲尧舜禅让为部落联盟模式，才使得顾颉刚关于古史开端的说法逐渐被多数人忘却，但是疑古的影响却仍然存在。面对众多的战国秦汉初的出土简帛古书，说明疑古派过去对于古书年代的判定多数是有问题的。李学勤先生于1992年在一个小型学术座谈会上的发言，被整理者李零、魏赤先生冠以"走出疑古时代"之名发表[2]。于是，"走出疑古时代"就成为了一个旗帜，既指引了不少人的前进方向，也招致了诸多批评，反对、质疑者假怀疑精神之名等为疑古派抱不平。李先生重提炎黄二帝的问题[3]，而在文史界和李先生齐名并且也是朋友的裘锡圭，则利用出土文献佐证顾颉刚的大禹

---

[1] 参见拙作《疑古与重建的纠葛——从顾颉刚、傅斯年等对三代以前古史的态度看上古史重建》，《新出简帛的学术探索》，北京师范大学出版社，2010；郭沫若《夏禹的问题》，《中国古代社会研究》，《郭沫若全集·历史编》，第1卷，人民出版社，1982，第306页。

[2] 李学勤《走出疑古时代》，《中国文化》，第七期，北京，三联书店，1993年1月。

[3] 李学勤《古史、考古学与炎黄二帝》，《走出疑古时代》，辽宁大学出版社，1997，第2版，第38—46页。

为古史开端之说[1]。

那么，到底是炎黄还是大禹是古史的开端呢？严格说来，现在的材料没有坚实的证据来说明这个问题，王国维的"二重证据法"面对这些讨论，其论证多是效力不足的。我们没有炎黄时期的文字、遗物；而即使甲骨文，也只记载有商的先公先王（有些学者认为有禹，但乏人采信），高祖夒对应古史中的谁，目前还没有定论，也许古史中没有记载下来[2]。其实，将炎黄作为古史的开端，的确是一种历史建构，只不过这种建构，发生的时间很早，历程也很长。要剥离出这一历程，和近现代的古史研究是分不开的。

中华民族的古史传说所述久远。然而，司马迁的《史记》开篇《五帝本纪》以黄帝为首，且有许多疑难问题存于其间，故后世学者对此一直不能满意，后人多做补述工作。虽然其间欧阳修、刘恕、崔述等已有

---

[1] 裘锡圭《新出土先秦文献与古史传说》，《中国出土古文献十讲》，复旦大学出版社，2004，第18—38页。
[2] 参见拙作《"二重证据法"的界定及规则初探》，《历史研究》，2012年第4期。

过和后来顾颉刚类似的想法[1],乃至出现了对顾颉刚之说可能极有影响的戴震之《诗〈生民〉解》,但是在当时的影响都很有限。在经学时代,学者们研究上古史多效法司马迁,折衷于孔子、儒家之说。康有为为维新变法寻找理由而提出的诸子"托古改制"说,也被视为异端。但此后的上古史研究,有了长足的进步,顾颉刚是其中不得不说的代表性人物。我们的追述,则从戴震开始。

---

[1] 参见王煦华《试论顾颉刚的疑古辨伪思想》,《中国哲学》,第十七辑,岳麓书社,1996。

一、戴震的《诗〈生民〉解》

戴震是乾嘉汉学的代表人物,也在清朝思想界有一定影响。但是长期以来,他在史学上没有很高的地位。许多研究著作或者略过不表;或者虽然关注他的史地研究,但是因其《水经注》牵涉到一桩公案,其成绩不得不大打折扣,或者关注其主修的方志,却因为有与章学诚不同的意见,在今日似略显下风。与戴震颇有往复讨论的章学诚,在戴过世之后评价说"其于史学义例、古文法度,实无所解,而久游江湖,耻其有所不知,往往强为解事,应人之求,又不安于习故,妄矜独断"[1],这一评价恐怕不太客观。但是章学诚因其《文史通义》《校雠通义》等著作,在近世被视

---

[1]〔清〕章学诚《书朱陆篇后》,见叶瑛《文史通义校注》,中华书局,1994,第275页。

为史学大家。而近人研究戴震,则多关注于他的经学、小学或哲学成就。于是,戴震在史学上没有多大建树,他的成就只在经学、小学或哲学方面,似乎就成为定论了。顾颉刚更说戴震小时候很有怀疑精神,但是长成之后,"没有一点疑古的成绩"[1]。

其实,事实并非如此。之所以戴震的疑古史成绩长期以来没有被人认识到,恐怕和现代的学科分工体系的弊端有关。因为乾嘉时期的学者没有后来的文史哲分科的观念,常常是经史子集无所不读。戴震怀疑古史的工作,是在诗经学内做出来的。

戴震有短文《诗〈生民〉解》,不长(又见于戴震的《毛郑诗考正》),很多文集都选有此文。其要点如下:

> 《帝系》曰:"帝喾上妃姜嫄",本失实之词,徒以附会周人禘喾为其祖之所自出。《国语》禘、郊、宗、祖、报五者,禘、郊与宗、祖之名异。"有虞氏郊尧""商人禘舜",《礼记·祭法》易之以"有虞氏郊喾""宗尧""殷人禘喾"。喾在郊、禘,

---

[1] 顾颉刚《崔东壁遗书·序》,上海古籍出版社,1983,第58页。

一、戴震的《诗〈生民〉解》

未可知也。虞舍其先世而宗尧,是乱宗属矣,非也。使喾为周家祖之所自出,何《雅》《颂》中言姜嫄、言后稷,竟无一语上溯及喾?且姜嫄有庙,而喾无庙。若曰履迹感生,不得属之喾,则喾明明非其祖之自出。曾谓王者事祖祢之大义,而可蒙昧其间乎?由是以言,周祖后稷,于上更无可推。后稷非无母之子,故姜嫄不可无庙。始祖庙之外,别立姜嫄庙,不在庙制之数。《周礼》享先妣与天神、地祇、四望、山川,皆分用前代之乐,享先祖用周《大武》,此礼意之至微也,无于礼者之礼也,明乎礼可以通诗。

《诗》美姜嫄曰:"克禋克祀,以弗无子。"何也?禋、祀并事天之名,德可以当神明,然后能事天。姜嫄无夫而生子,故推明其德之能禋祀上帝,即《鲁颂·閟宫》所称"赫赫姜嫄,其德不回,上帝是依"是也……

商人祖契,于上亦更无可推,故《商颂》言有娀,与周之但言姜嫄同。不然,何异知母而不

炎黄子孙的来源

知父？[1]

很明显，戴震是从《诗》本文出发，指出周人祖后稷，只言其母姜嫄，不及帝喾；商人祖契，也只及其母有娀，不及帝喾。戴震还从礼制出发，指出周人有姜嫄庙而无帝喾之庙，可以证明帝喾不是后稷之父。而我们知道，《帝系》《史记·五帝本纪》以及后世的各种历史著作中，多认为商周始祖都出自帝喾，皆为黄帝后裔。

因此，戴震在这短短的一段文字中，得出了一个重要的结论，即根据《诗经》，商周的始祖只是后稷和契，其上更无可推，与帝喾毫无关系。我们看戴震大约同时注释的《天问》中的"稷维元子，帝何竺之？投之于冰上，鸟何燠之？"也一本王逸以"帝"为天帝之说，谓"后稷生而仁贤，是天独厚之也"[2]，而不用后世洪兴祖、朱熹等以"帝"为帝喾，"元子"为元妃（史称姜嫄为帝喾元妃）之子之说。这就表明戴震不以帝

---

[1] 〔清〕戴震《戴震全集》，第二册，清华大学出版社，1992，第1217—1219、1245—1247页。

[2] 戴震《戴震全集》，第二册，第930页。

一、戴震的《诗〈生民〉解》

喾为后稷之父的态度,是一贯的。戴震之后,马瑞辰就根据戴说以及《天问》王逸注,举六条证据证明姜嫄不是帝喾之妃[1]。后来,皮锡瑞在其《经学通论》中也引述了戴震之说。这说明戴震之说,在清代一直受到重视。

其实,关于姜嫄是不是帝喾之妃、后稷是不是帝喾之子的问题,是一个经学史上的老问题。《诗经》毛传认为姜嫄是高辛氏之妃(本未明言高辛氏即帝喾),即后稷有父;三家诗则都认为后稷是无父感天而生。郑笺看出了世系上的问题,认为姜嫄是尧时高辛氏之妃,同时也认为后稷是感天而生,于是调和为有父(是帝喾高辛氏之后的高辛氏)感天而生[2]。此后,这个问题又经历朝辩论,王逸、张融等尚还疑之(张融说见《毛诗正义》所引),大儒朱熹等均舍毛从郑。罗泌于《稷、契考》中也说:"或者又曰:《诗》言简狄惟言从帝,

---

[1] 〔清〕马瑞辰《毛诗传笺通释》卷25,中华书局,1989,第871—872页。
[2] 其实郑玄注礼《檀弓》与笺诗《生民》时意见并不一致,罗泌已经指出此一点。但据黄以周《答郑康成学业次第问》(〔清〕黄以周《儆季杂著五·文钞四·答郑康成学业次第问》,《黄以周全集》第10册,上海古籍出版社,2014)所言,郑玄注礼在笺诗之前。故当以后说为正。

《诗》美后稷惟称姜嫄,曾不及喾。刘向叙《列女传》,履迹、吞乙之事俱当尧代,而传记简狄乃谓有娀之佚女,则姜嫄果为帝喾后十世之妃。吹求微类,以疑其所自者,是不然。《世本》《大戴》之书,言昔帝喾十〈卜〉四妃之子皆有天下,而稷之后为周,周人既上推后稷为喾子矣,何所疑邪?"[1]表明当时人仍有不信者,罗泌反驳之,不过反驳得并不有力。

到清代,陈启源的《毛诗稽古编》也看出了矛盾,指出:"况使后稷之生,果系人道交接,有父有母,则周家不应特立姜嫄之庙,别奏先妣之乐,而《生民》《閟宫》二诗亦何为独美稷之母,不及其父乎?"我们看前面戴震之说,正是提到了姜嫄有庙而帝喾无庙,以及《周礼》享先妣用乐,《生民》《閟宫》皆美姜嫄。但是陈启源到此却放弃了,说"天地之大,奇诡变幻,难尽以理概耳。"[2]因此,真正完成否定姜嫄是帝喾之妃、后稷是帝喾之子的人,是戴震。

在当时的学术氛围中,戴震能得出这一结论,相

---

[1] 〔宋〕罗泌《路史·发挥》,卷4,〔明〕乔可传本。
[2] 〔清〕陈启源《毛诗稽古编》,〔清〕阮元、王先谦编《清经解·清经解续编》,卷78,上海书店,1988年10月影印本,第423页A。

一、戴震的《诗〈生民〉解》

当了不起。戴震这种敢于打破旧说的态度，和他在其它方面比如作《孟子字义疏证》以颠覆宋儒讲心性论的风格，非常相似。戴震倡导由小学通经学，他又由经学而入史学，根据经学研究成果，来判断史学中的商周始祖的问题。后来张之洞明确提出应该由小学入经学，由经学入史学，以之为学术的正路，这恐怕与戴震很有关系。

清代后来发展出了今、古文学派，今文学的代表皮锡瑞在其《经学通论》中的《诗经》部分中，作有《论诗齐鲁韩说圣人皆无父感天而生，太史公褚先生郑君以为有父又感天乃调停之说》《论〈生民〉〈玄鸟〉〈长发〉〈闷宫〉四诗当从三家不当从毛》，讨论《生民》与经今文、古文说的问题，认为当用圣人无父感天而生之说，并在后一文中撮引戴震之语作为证据。当然，其时的古文学派，也有很多人继续调和毛郑，完全不理戴震之说。

梁启超在1921年的《中国历史研究法》中，也提到契、稷非喾子[1]。梁启超对于戴震有专门研究，他很

---

[1] 梁启超《中国历史研究法》，第五章，上海古籍出版社，1998，第79—81页。

可能是根据戴震之说得出的结论。当然，这也有可能是根据当时的今文经学衍生出的结论，但是应该说其近源是戴震之说。

1923年，顾颉刚在《与钱玄同先生论古史书》一文中，提出了著名的"层累地造成的中国古史"说。顾颉刚的基本思路，是根据古书篇章的年代先后，编排史料的先后，考察史料所含古史的先后顺序。其最重要的结论，是围绕《诗经》得出的。他说《诗经》未言黄帝、尧舜，所以其时还没有这些人。其开篇是根据《商颂·玄鸟》的"天命玄鸟，降而生商"、《大雅·绵》的"民之初生，自土沮漆"，《大雅·生民》的"厥初生民，时维姜嫄"，推出"可见他们只是把本族形成时的人作为始祖，并没有很远的始祖存在他们的意想之中。他们只是认定一个民族有一个民族的始祖，并没有许多民族公认的始祖"。

我们看顾颉刚由《玄鸟》《绵》《生民》等推出"没有许多民族公认的始祖"，实际上就是根源于后稷、契皆不是帝喾之子，所以商、周不同源；而所谓"《诗经》未言黄帝、尧舜，所以其时还没有这些人"，也和戴震的思路相近——从《诗》本文出发，指出周人

一、戴震的《诗〈生民〉解》

祖后稷,只言其母姜嫄,不及帝喾;商人祖契,也只及其母有娀,不及帝喾。这就是说《诗经》未言帝喾,所以没有帝喾。

然则但凡了解戴震或清代今文家之说的学者,都不难得出商周不同源的结论,也不难认为没有帝喾——可是从毛传、郑笺来看,仍然可以认为当时存在尧舜。因此,当顾颉刚在《答刘胡两先生书》中提出其"层累地造成的中国古史"说,可以"打破民族出于一元的观念",仿佛非常难得时,想不到刘掞藜的态度竟然是表示同意[1]。刘掞藜等所要反对顾颉刚之说的重点,是尧舜禹的问题。

顾颉刚的"层累地造成的中国古史"说,当然有不同于戴震的地方,譬如重视古书的时间序列等。但是其核心命题,乃至论证思路,却和戴震紧密相关。而且顾颉刚了解到了戴震的这一学说。《顾颉刚日记》就记载1922年2月15日,"车中点读皮锡瑞《诗经通

---

[1] 刘掞藜《讨论古史再质顾先生》,顾颉刚编著《古史辨》,第一册,第153页。

论》略毕"[1]。此外顾颉刚也有可能从梁启超那里知道契、稷非訾子等结论。因为顾颉刚对于梁启超的《中国历史研究法》很有了解,他在《与钱玄同先生论古史书》一文中所说"《尧典》的靠不住,如梁任公先生所举的'蛮夷猾夏''金作赎刑'",就出于《中国历史研究法》[2]。而《顾颉刚日记》明记1922年3月20日:"在车看梁任公《中国历史研究法》";6月1日,"抄《中国历史研究法》入史料"[3]。顾颉刚也曾经在《古史辨》第二册《自序》中说到:"我承认我的工作是清代学者把今古文问题讨论了百余年后所应有的工作,就是说,我们现在的工作应比清代的今文家更进一步。"[4]这也表明,他对于皮锡瑞的书,或者清代今文学者的成绩,是比较清楚的。

因此,从顾颉刚的"层累地造成的中国古史"说在近现代的影响来看,我们应该充分重视戴震在清代的史学地位。顾颉刚所说戴震"没有一点疑古的成绩",

---

[1] 顾颉刚《顾颉刚日记》,第1卷,联经出版事业股份有限公司,2007,第210页。
[2] 参见梁启超《中国历史研究法》第五章,第103页。
[3] 顾颉刚《顾颉刚日记》,第1卷,第219、238页。
[4] 顾颉刚编著《古史辨》,第二册,第6页。

一、戴震的《诗〈生民〉解》

显然是有失公允的。戴震的疑古成绩虽不多,但是其影响足够作为一个疑古史家。虽说崔述的《经传禘祀通考》《唐虞考信录》等也否定了帝喾和后稷的关系,但是崔说的时间要晚,而且不是从《诗经》出发谈这个问题,当时的影响也没有戴震大。看来戴震这个观点在学术史上的贡献,需要重新估量。而由戴震之说,我们或也能了解何以梁启超等学界耆宿,对于胡适、钱玄同、顾颉刚等人的所谓"史学革命"不以为意。也许顾颉刚从《诗经》出发,论证契、稷非喾子,在此基础上再推出"层累地造成的中国古史"说,可能要更合情合理。可是他们非要说"东周以上无史",有明显的打倒黄帝、尧舜的目的论,不免引起反感。然则"层累地造成的中国古史"说的时代意义,或许也要重新评价。而点读过皮锡瑞《诗经通论》,应该了解戴震之说的顾颉刚,何以要说戴震"没有一点疑古的成绩",甚至在晚年还引述《戴东原集》卷9的《与任孝廉幼植书》,仍然贬低戴震,说"任大椿之疑古(戴震之反疑古)"[1],全然不顾卷1的《诗〈生民〉解》,就

---

[1] 顾颉刚《愚修录(一)》,《顾颉刚读书笔记》第12卷,中华书局。2011,第15页。

很值得回味了。

何以戴震的史学成绩在近代似乎一直没有引起当时年轻一辈学者的注意,其原因还有待考察。比较吊诡的是,重视戴震哲学成绩的胡适,指导顾颉刚走疑古之路,他们却似乎并不知道戴震的疑古成绩。他们点读崔述的书,以为是发现了一个埋没了的巨人(其实张之洞的《书目答问》早已列有此书)。更有甚者,顾颉刚晚年在为《崔东壁遗书》所作的序中,竟然引述王昶《戴东原墓志铭》的记载,在记戴震十岁时怀疑朱子所说《大学》是孔子之言而曾子述之的故事之后,说戴震"幼时有这等的怀疑精神,但何以长成之后,他只为汉学的大师,没有一点疑古的成绩呢?实在那时信古的空气已压倒了疑古了,只有不与外方通声气的崔述,才能够超出于这时代之外,以毕生的精力写了一部《考信录》。"[1]此处顾颉刚对于戴震的评价,显然未得其实,反而昭示出他对于戴震学术的不了解乃至有隐匿学术渊源之嫌。难道顾颉刚真的忘了皮锡瑞《诗经通论》中的戴震之语吗?或者是他的"车中

---

[1] 顾颉刚《崔东壁遗书·序》,第58页。

点读",没有太认真,《诗经通论》中引述的戴震言论,还不足以引起他的疑古兴趣?

这里我们无意贬低顾先生,所以不再做推测。但是从《顾颉刚日记》和《顾颉刚读书笔记》来看,他至少对于戴震的学术了解得不多,缺乏专门研究,多是利用二手成果;他在《诗经》的研究上,也是重视姚际恒而胜于其他经学家。如《顾颉刚日记》于1924年3月3号提到叶圣陶、王伯祥要顾颉刚为他们标点的戴震《孟子字义疏证》等三种作序;1930年5月9号提到曾听过黄子通讲《戴东原哲学》;1947年12月31号的清代考证文选拟目中,戴震有目无书;1948年10月9号提及"看戴东原传(梁任公作)";10月19号提到"上课,讲反道统说(戴震)……抄梁任公《戴东原的哲学》……到办公室续抄《戴东原的哲学》,讫";10月20号"上课,讲反道统说(戴东原)"。[1] 也许作"层累地造成的中国古史"说时的顾颉刚,看书很多,对于戴震之说的结论很清楚(如可能从《诗经通论》或梁启超的《中国历史研究法》那里得知),但是没有注意

---

[1] 顾颉刚《顾颉刚日记》,第1卷,第461页;第2卷,第399页;第6卷,第194、355、360页。

这一说法来自戴震，以致后来对戴震的评价不客观。

他的这种不客观，或可能来自年轻时的一个成见。在1921年的《景西杂记（三）》中，顾颉刚记载了王昶的《戴东原墓志铭》中戴震的幼时故事，说"读此段，可见戴氏极有疑古的精神。但何以后来他只为汉学的大师，没有一点疑古的成绩呢？可见清儒之学并不疑古。其疑古者，自康、雍以还，已绝迹矣。仅有的不与外方通声气之崔述能够疑古，其余正统学派的人物已想不到怀疑了"[1]。这显然就是后来顾颉刚所著《崔东壁遗书序》之所本。其实顾颉刚是可能翻过《戴东原集》的，可惜他或许是带着"疑古"的眼镜来搜寻史料。可是，顾颉刚既然已经将戴震视为反疑古的人物，何以在《崔东壁遗书序》中不把戴震作为反疑古的旗帜，而只是引用了年轻时的观点呢？是后来注意到了戴震的《诗生民解》而没有说，还是《崔东壁遗书序》主要由助手完成、而且顾颉刚没有修订呢？

总之，戴震对于《生民》等诗中姜嫄、后稷与帝喾之关系的考证文章虽然很短，但是却涉及了一个很

---

[1] 顾颉刚《景西杂记（三）》，《顾颉刚读书笔记》第1卷，第255页。

一、戴震的《诗〈生民〉解》

重要的古史问题。戴震在这个问题上的结论,极具颠覆中国古史黄帝一元系统的力量。而且很可能是他的经史学研究成果,引导出了顾颉刚的"层累地造成的中国古史"说。有鉴于顾颉刚这一结论在近现代史学上的地位,我们恐怕很难说戴震"没有一点疑古的成绩"。戴震的疑古成绩虽然不多,不及崔述系统,但是从其所处的时代、环境来说,戴震反而可以算是有清一代最敢于怀疑中国古史的人,而且是在当时最有影响的人。因此,我们要充分重视戴震的史学成绩,还他疑古史家、史学家的地位。显然,对于清代乃至近代的学术史,我们也需要据此而重写。

二、近现代古史研究述略

1923年,顾颉刚在《与钱玄同先生论古史书》一文中,提出了"层累地造成的中国古史"说(下文简称"层累说"),重点指出"东周的初年只有禹是从《诗经》上可以推知的;东周的末年,更有尧舜,是从《论语》上可以看到的。""从战国到西汉,伪史充分的创造,在尧舜之前更加了许多古皇帝。"[1]由此引发了古史大讨论,一度形成了声势浩大的"疑古派",推翻了古来相传的"三皇五帝"的古史系统,影响深远。此后先秦史研究一度占据中国历史学研究领域的半壁江山,为后续的讨论奠定了基础。虽然顾颉刚的观点仍然是为了史学革命,其思想来源不仅有戴震、崔述等内源,

---

[1] 顾颉刚《与钱玄同先生论古史书》,顾颉刚编著《古史辨》,第一册,上海古籍出版社1982年版,第61—66页。

也有从胡适那里学得乃至从日本得到的外源[1]，但是毕竟在学理上持之有故，言之成理，所以至今仍然很有影响。

1925年，王国维在清华学校研究院讲授《古史新证》时，于开篇曾经感叹："研究中国古史，为最纠纷之问题。"[2] 王国维虽然提出了著名的"二重证据法"，并试图用之重建黄帝以来的中国上古史，但是能使用的材料只是殷商甲骨文。其用春秋铜器意欲证明大禹，反而成了证成顾颉刚之说的工具[3]。

1927年，蒙文通提出中国上古民族可以分为江汉、海岱、河洛三系的学说（以下简称"三系说"），与顾颉刚的观点迥异其趣。蒙文通从空间上的文化区系出发，把谈论古史的记载理出头绪，认为《天问》《山海经》代表楚人的历史观，儒家六经阐发鲁人之说，汲冢竹书则是三晋所传，三系民族传说之史各不相同，

---

[1] 参见拙作《经史之学还是西来之学："层累说"的来源及存在的问题》，《新出简帛的学术探索》。

[2] 王国维《古史新证——王国维最后的讲义》，清华大学出版社，1994，第1页。

[3] 参见顾颉刚《附跋》，顾颉刚编著《古史辨》，第一册，第267页。

"北方三晋之学邻于事实"[1]。与蒙文通之说相呼应的有徐中舒的《从古书中推测之殷周民族》，傅斯年的《夷夏东西说》[2]，徐旭生的《中国古史的传说时代》，孙作云的《后羿传说丛考——夏初蛇、鸟、猪、鳖四部族之斗争》，乃至考古学界苏秉琦的"区系类型"说、"满天星斗"说，张光直的"多中心互动"说[3]，"多元一体"说，及多元视角下的"新中原中心"说等。

1940年，疑古派的殿军杨宽在《中国上古史导论》中总结前人，分析了古来至当时的流行学说，着重指

---

[1] 蒙文通《古史甄微》，巴蜀书社，1999，第11页。

[2] 按：对于傅斯年是否受过蒙文通的影响，有不同意见。徐旭生认为："他们两个似乎是各自独立的研究，没有谁承袭谁的嫌疑。"见氏著《中国古史的传说时代》，广西师范大学出版社，2003，第61页注1。或说傅斯年是受到王国维《殷周制度论》的影响，参见王泛森《一个新学术观点的形成——从王国维的〈殷周制度论〉到傅斯年的〈夷夏东西说〉》，《中国近代思想与学术的系谱》，河北教育出版社，2001。但是蒙文通的著作曾经于1929—1930年刊载于南京《史学杂志》等，1933年由上海商务印书馆出版，同年再版，影响不可谓不小。

[3] 按：张光直的"多中心互动"说是用王明珂的译法（见氏著《英雄祖先与弟兄民族：根基历史的文本与情景》，允晨文化实业股份有限公司，2006，第19页），张光直的《古代中国考古学》一书的中文版有"相互作用""相互关联"等说法，参见张光直著《古代中国考古学》，印群译，辽宁教育出版社，2002，第242页。

出王国维的"二重证据法"对于"夏以上则病未能"[1]，又批评了廖平、康有为、钱玄同的"托古改制"说，刘恕、崔述、顾颉刚的"层累说"，蒙文通的"三系说"，特别仔细分析过蒙文通证明三系不同之说的第一个例子，认为"犹非探本穷源之论也""邹鲁、晋、楚三方传说之不同，非机械的相互并立，实亦同其源流而相互演变者。"[2] 杨宽采用顾颉刚、童书业《夏史三论》、陈梦家《商代的神话与巫术》、王国维《古史新证》的成果，认为"今日论有史时代之历史，自当断自殷墟物证"，力主"古史传说之全出殷周东西民族神话之分化与融合"[3]之说（以下简称"分化说"），于是将三皇五帝、唐虞君臣、夏代"人物"皆归为上天下土之神物，谓多名者实乃一物之分化或融合，至今仍然有影响。

1943年，徐旭生的《中国古史的传说时代》批评了疑古派的一些问题，踵王国维之说，在神话和历史

---

[1] 杨宽《中国上古史导论》，吕思勉、童书业编著《古史辨》，第七册上编，上海古籍出版社，1982年影印本，第66页。

[2] 杨宽《中国上古史导论》，吕思勉、童书业编著《古史辨》，第七册上编，第89—91页。

[3] 杨宽《中国上古史导论》，吕思勉、童书业编著《古史辨》，第七册上编，第117页。

之外，提出要考察传说时代的古史，重提我国古代部族三集团说；徐旭生本人也根据传说参加了考古发掘工作，影响很大。其弟子苏秉琦和苏氏弟子皆重视考古文化区系的研究。苏秉琦曾评价过王国维、傅斯年、徐旭生的学说，特别批评"夷夏东西说"是"把考古新材料与古史传说都派上用场，'五千年文明'落到真假参半。"[1]

---

[1]　苏秉琦《中国文明起源新探》，三联书店，1999，第7、103页。

三、现当代的古史研究与新进展

1992年，经过六十多年系统的考古发掘、出土和传世文献的研究反思之后，李学勤发表了《走出疑古时代》的演讲，还重提炎黄二帝的问题，引起了学界的强烈反响。虽然反对者或异议者尚有之，但是影响深远。在五种社会形态说被新的学说否定而古史描述处于考古与传说双轨混讲时，有学者，如裘锡圭，也利用出土文献，重新拿起顾颉刚以大禹为古史开端之说。至于在世纪之交，一些学者指出炎黄子孙之说是清末民初国家与民族认同的产物，"黄帝神话"是一种"想象的共同体"，是"被发明的传统"，这些说法虽然有一定道理，但显然并不符合古史记载，"以近现代的国族建构进而否认历史上的黄帝认同，也同样是违反历史主义的"[1]。

其后,《走出疑古时代》的记录、整理者之一李零的《出土发现与古书年代的再认识》《考古发现与神话传说》《帝系、族姓的历史还原》等文[2],对于上古史也有新见解。而黄彰健则承接前人,主要依据《左传》《国语》整理中国的古史系统,注意区分春秋和战国之别,力求排列一个矛盾最小的古史人物先后的系统[3]。

此外,谢维扬等参考西方文化人类学的成果,以"酋邦"等观念探讨中国的上古史,在历史和考古学界均有一定影响;王明珂的《华夏边缘》《羌在汉藏之间》《英雄祖先与弟兄民族》等历史人类学著作,对于"华夏""炎黄"的探讨也颇有启发性;陶磊则从萨满教中的巫统和血统的概念出发,将之扩大到一般文化

---

[1] 参见王志平《黄帝子孙与民族认同》,《学灯》,第二辑,上海古籍出版社,2018。

[2] 参见李零《李零自选集》,广西师范大学出版社,1998年第2版;李零:《帝系、族姓的历史还原——读徐旭生〈中国古史的传说时代〉》,《文史》2017年第3期。

[3] 黄彰健《中国远古史研究》,中央研究院历史语言研究所,1996。

领域，讨论古帝传说的问题[1]。相关的古史研究成绩，以及考古学界的成果还有不少，于此不一一列举。

从顾颉刚的《与钱玄同先生论古史书》一文发表至今，已经将近百年，中国考古学、上古史的研究，已经取得了长足的进步。学者们尝试了从诸多学科领域或跨学科研究出发，从时间分段、空间分域等许多角度，对于古史的形成情况进行了多种阐释，但仍然莫衷一是。看起来学界已经基本上抛弃了顾颉刚把古史从大禹讲起的想法，逐渐向五帝特别是黄帝回归，但是持异议者仍多有之，并批评此为信古之说。

大陆和台湾今天的上古史，都是运用"双轨制"的方法来讲。在介绍完古人类发现之后，对于新石器时代以来的文明时期，是先用仰韶文化、龙山文化等考古类型学的序列来讲，然后用黄帝或尧舜以降的古史系统来讲。有很多学者不满于这种讲法，将古史系统和考古时段相结合，如李伯谦等的《考古学视野的三皇五帝时代》等文章。但是也有考古学者对这种研究提出了批评，认为考古学有独立性，不应该依附于

---

[1] 陶磊《巫统、血统与古帝传说》，浙江古籍出版社，2010。

历史学来作这种无法坐实的研究,因为二里头文化早期是不是夏,并未得到文字的证明,遑论更早的时代?陶寺遗址虽有个别文字,但也无法证实是尧之都,遑论其他遗址?其实在历史资料丰富的中国,将考古学和历史学相结合进行研究,包括上古史的研究,是可行的。但是如果不严格、认真,那么就会流于比附,而强调考古学独立性这种说法虽然矫枉过正,倒是宁缺毋滥,值得肯定。因为就中国的上古史著述、研究而言,各种古史系统纷繁不一,里面存在很多问题。尤其是以顾颉刚为代表的疑古派出现之后,引起了很多人对上古史的关心,出现了很多结合西方新学科知识对于上古史中之问题的新解释。但这些解释在新中国成立后被五种社会发展模式的历史叙述所代替,尧舜禹之禅让由摩尔根-恩格斯的部落联盟模式的解释被确立,其他的解释乏人问津。一旦五种社会发展模式被抛弃之后,"双轨制"的叙述就出现了,但是历史学中旧有的问题并未得到解决,所以现在拿某一古史系统、解释模式去对照考古时期,其可靠性实在值得怀疑。

近几十年来,最切实的进步,是以简帛古书为代表的出土文献不仅提供了新的古史研究材料,更使我们对于研究材料有了新看法。不但许多过去被疑古派视为伪书、晚书,因而被摒弃在古史研究之外的书籍得以翻案,而且学界更认识到古书的形成是一个主体内容确定较早,外在的形式如文字、个别章节、篇章结构等不断流变的动态形成过程。因此,今人对于许多古书篇章的年代与过去有了不同的认识,这对上古史的研究产生了重要的影响,主要表现在两个方面:一是重新认识古书的形成年代;二是重新讨论古书中所记载的上古史问题。

1. 重新认识古书的形成年代

关于古书的形成年代,首先是对上古史研究重要材料的《尚书》和《逸周书》中的一些篇章有新认识。在疑古思潮流行的时期,不少人认为《尚书》中一些西周篇章实际作成的年代较晚,《逸周书》则几乎无人采信。近几十年来,不少学者将《尚书》和《逸周书》的一些篇章与甲骨、青铜器比较,在年代判定上有了新看法,断定或重新确定不少篇章是西周初或反映西周初年历史的文献。晚年的顾颉刚也认为:《逸周书·世俘》记载了"周初历史"《尚书》里时代最早、记载最真的,应该属于《周诰》八篇,但《周诰》重于记言,略于记事。《世俘》一篇刚好弥补了这个空白点"[1],其助手刘起釪认定《尚书》篇章为西周者更多(认为有一些篇章的少量文字有后世的改动)[2]。新近公布的清华大学藏战国简中,有和《尚书》、《逸周书》中的《金縢》《程寤》《皇门》《祭公》《命训》等内容可以对应的篇章,并且有和真古文尚书《尹诰》《说命》对应的篇章;近来荆州夏家台战国楚墓又出土了战国时期的《吕刑》[3];湖南慈利出土的战国楚简中也有《逸周书·大武》;上博简中可能有与《逸周书·宝典》相应的内容(一枝残简)[4](银雀山汉简过去说"有一残篇,其内容

---

[1] 顾颉刚《〈逸周书·世俘篇〉校注、写定与评论》,《文史》,第二辑,中华书局,1963,第29页。

[2] 参见顾颉刚、刘起釪《尚书校释译论》,中华书局,2005。

[3] 田勇、王明钦《湖北荆州刘家台与夏家台墓地发现大批战国墓葬》,《中国文物报》2016年4月8日。

[4] 参见拙作《读上博八札记》,《出土文献研究》,第十一辑,中西书局,2012。

似与《周书·王佩》相合"[1],现在看来是《兵之恒失》篇的内容,不是《王佩》,二者也与《尉缭子·十二陵》有"同文"[2])。虽说竹简的时代只是战国中期,但是在一定程度上有助于佐证《尚书》《逸周书》中的某些材料来源很早。

其次,是讲上古史资料非常丰富的《左传》《国语》两书。虽然《左传》《国语》主体的写定年代可能是战国时期,但是根据出土的金文等材料可以发现,其中很多记载符合春秋的情况,因此越来越多的学者认为或重新相信其材料的主体部分应该是源自春秋时期,《国语》中有些材料则可能源自西周。湖南慈利出土战国楚简中,有和《国语·吴语》相对应的内容;上海博物馆藏战国竹简中,有不少故事和《左传》《国语》相关;清华大学藏战国竹简《系年》等篇章中,有很多内容和《左传》《国语》相应;尚未披露的安徽大学藏战国简中,可能有大量内容与《左传》《国语》相联,这

---

[1] 银雀山汉墓竹简整理小组《银雀山汉墓竹简[壹]》,文物出版社,1985,第6页;银雀山汉墓竹简整理小组:《银雀山汉墓竹简[贰]》,文物出版社,2010,第6页。
[2] 银雀山汉墓竹简整理小组《银雀山汉墓竹简[贰]》,第139—140页。

些材料从侧面表明《左传》《国语》的材料来源不可能晚于战国中期。

由这些新认识以及相关的对古书形成年代问题的讨论，学界对于古书年代的分析，已经逐渐认识到过去通过分析几则"同文"之间的先后以断定早晚、真伪的方法，存在预设错误，不适用于研究先秦文献。其实"同文"之间可能是同源的关系，而未必是一个抄袭另外一个；"同文"之间甚至可能属于不同的系统，故有传闻异辞，但共属"族本"，无法分析彼此的先后关系[1]。

2. 重新讨论古书中所记载的上古史问题

虽然多数人早已认为顾颉刚把上古史从大禹讲起是不对的，其考证方法使用"默证"过多，不可信。但是在燹公盨铭文、新出竹简引发的讨论中，却也有学者在讲顾颉刚在古史传说方面的见解"得多于失"，

---

[1] 参见拙作《"同文"分析法评析》，《从出土文献谈古书形成过程中的"族本"》，并载《同文与族本——新出简帛与古书形成研究》，中西书局，2017。

并继续讲古史是从大禹开始，表明顾颉刚等的具体学说结论仍有影响，上古史的问题远未达成一致。

这引起了笔者对有关问题的研究和反思。笔者发现顾颉刚的"层累说"，蒙文通的"三系说"、杨宽的"分化说"等，重视了时间、空间的区分，对于推进中国上古史以及相关学科的研究实有莫大之功，在今日确实仍有可资借鉴之处；但是省思其学理，却都存在问题。顾颉刚的"层累说"，论者已多，笔者也有考查，此不赘述[1]。蒙文通的"三系说"和杨宽的"分化说"，不仅存在不少可以有不同解释的地方，而且都存在一个理论预设的盲点：那就是在远古时期，神话、古史应当有某种母本，是公共思想资源，诸族、文化区系皆本之而讲说、分化——可是我们很难确定这些本源是来自夏代的"定论"；而夏之前，从现在的考古成果来看，很难说当时的中国是一个统一的王朝，或者存在具有文化支配力、能统一诸氏族古史系统的强权政治实体，因此何来母本？且杨宽之说，与其相近者虽多，但失于滥用古音通假，不同时期的史料杂陈，因

---

[1] 参见拙作《疑古与重建的纠葛——从顾颉刚、傅斯年等对三代以前古史的态度看上古史重建》，《新出简帛的学术探索》。

此对于同一名称的分化或融合，不同的学者可以有不同的看法。而且杨宽立说的重大根基——依从王国维论殷人高祖夒为帝俊、帝喾，实际上并未得到严格的证明[1]。王国维欲以恢复上古史的"二重证据法"，笔者也发现它有适用范围和应当遵循的规则，目前确如杨宽所说，不足以解决殷商甲骨文之前的古史问题[2]。

由这些反思，笔者感觉到如果要继续研究上古史，应注意以下问题：

首先，应该淡化神话、传说与历史的区别。因为不仅神话、传说的定义还存在问题，而且目前关于"神话"这一舶来的概念是否适合于分析中国上古史，正处于争议之中[3]。将古史分为神话和历史，特别是只注

---

[1] 按：王国维之后徐中舒、容庚、唐兰、吴其昌、陈梦家、杨树达等均不同意王国维之隶定或解释。裘锡圭把"夒"视为"蓐收"的合音，并运用杨宽的"分化说"，指出"少皞四叔中的玄冥和蓐收，跟商族先祖冥和夒是一回事，这正是少皞与契为同一传说之分化的反映"（见氏著《释〈子羔〉篇"铯"字并论商得金德之说》，《简帛》第2辑，上海古籍出版社，2007），但此说仍难凭信。

[2] 参见《"二重证据法"的界定及规则初探》，《历史研究》2012年第4期。

[3] 参见常金仓《中国神话学的基本问题：神话的历史化还是历史的神话化》，《二十世纪古史研究反思录》，中国社会科学出版社，2005，第131—147页；黄铭崇《古史即"神话"——以〈大荒经〉及〈尧典〉为中心的再检讨》，《新史学》第7卷第3期。

三、现当代的古史研究与新进展

重神话历史化而较少注意历史神话化,把上古史的许多问题简单化了。其实在讲古史的口传或成文文献中,不可能不存在怪力乱神。因此,至少就中国而言,我们不妨把所谓神话、传说、古史杂糅的东西当作古人的"古史"来看待。因为中国古人讲说它的目的不仅仅是讲史,对英雄祖先的吹嘘与追思,记忆与回忆,述说、选择、争论"过去",而且包含了古人对开天辟地以来的许多事情的"理解"和"解释",对"秩序""规则"的确定,对"权力"的屈服,对"原因"的说明,对现实的认同或批评,对君主的规谏,对族群的巩固等许多东西,是一种宇宙论、政治学、历史学、修辞学。虽不乏言过其实者,但是主体部分应该是"公认"的,否则不可能让听众信服。

其次,上古史的研究要注重古史系统的分析。以前的多数学者都存在一个朴素的但是不合适的预设,那就是中国的上古史应该有一个唯一客观的"真相",学者们认为自己的研究正是揭示或证明了这个客观的"真相"。但其实西方学者早已经辨明,这个"真相"[即历史1:历史实在过程(史事)]早已经离我们远去,难以复验了。对于没有文字可以详细考究的上古史而言，甚至可以说完全无法复原，没有客观的"真相"了。我们所能依凭的，是后人对于上古史的叙述［即历史2：作为表达历史实在过程的文字表现（史书），或口头传述的内容］。而我们目前所面对的，是对历史2进行统合而成的"古史系统"（本文暂称为历史3）。古史系统是在不同的时代，由不同的人整合一些资源形成的。后来的人依据不同的形势、听众群，将这些古史系统进行整合、祛魅，遂有了新的古史系统。

再次，上古史研究受条件的限制很多，目前只能研究西周以来的古史系统。古史研究和考古有联系也有区别，古史研究依赖文献，而目前系统的文字遗存，最早的是殷商的甲骨文。真实的上古史既然已经不可还原或者说无法检验了，如果我们不愿意以考古所分的文化时代作为上古史的序列的话，那么看起来应该研究殷商的上古史。但是如前所述，"夒"是不是"喾"或"俊"，目前还无法证实，而商的文献也较缺乏，虽知其祖先系谱，但整个的古史系统不全。因此我们当前主要的研究对象，是西周以来的古史系统。

经研究，笔者发现，周人至少进行了三次古史系统的整理，有三阶段的变化。这一现象说明，在周人那里并没有一个前世流传下来的客观、系统的帝王谱,他们只是根据不同时期的需要建构出不同的帝王世系。此后至战国时期,诸侯、诸子继续构拟、整合新的古史系统,出现了《世本》《帝系》等书。后人以为这些结果就是古史的"真相",研究者秉持着存在一个唯一的古史系统"真相"的观念,不免所见皆是矛盾,故虽批判这个系统或弥缝其间,但是多未能返本穷源。因此,我们需要区分周人的古史系统建构和后人的建构、追述、解释之间的差别。同时,因为周人有不同的古史系统,有一些早期的古史系统材料当时可能尚有流传,如今却是前略后详,是故我们也不能期望解决周人古史系统所有的细节问题,只能求同存异,多所阙疑。下面试为说明,以请大方之家指正。

四、周人的夏商周古史系统

周人第一阶段的古史系统，以夏商周三代古史为主。虽然相关的古史材料或超出了这个范围，但这些材料并未被周人纳入古史系统之中，未得到政治上的承认和确立。此中最关键的，是后稷与大禹的关系，以及周初人对夏之前历史的认识这两个问题。

1. 后稷与大禹的问题

周人的始祖是后稷，其年代在大禹之后，这一点在反映周初的文献中已经有明白的说明，顾颉刚的"层累说"正是以此为起点。他举的例子有《诗经·大雅·生民》的"厥初生民，时维姜嫄……载生载育，时维后稷"，《鲁颂·閟宫》的"是生后稷……俾民稼穑……奄有下土,缵禹之绪"。《閟宫》的时代有些晚(鲁僖公时),其实时代很可能是周初的《逸周书·商誓》已经说:"在昔后稷,惟上帝之言,克播百谷,登禹之绩,凡在天下之庶民,罔不惟后稷之元谷用蒸享。"[1]

《尚书·立政》有"陟禹之迹"[2],《诗经·大雅·文王有声》的"丰水东注,维禹之绩",《商颂·殷武》的"设都于禹之绩",《左传·哀公元年》的"复禹之绩",皆假"绩"为"迹"[3]。杨筠如根据《说文》"陟,登也"来解释《尚书·立政》的"陟禹之迹"[4],则《逸周书·商誓》

---

[1] 《生民》一般认为是周初史诗;《閟宫》的时代,顾颉刚在《与钱玄同先生论古史书》中根据传统说法定在鲁僖公时。这两首诗反映了西周早期的历史,是顾颉刚"层累说"中曾经使用过的史诗。《逸周书·商誓》,刘起釪确认为西周文献(见氏著《尚书学史(订补本)》,中华书局,1996,第96页);黄怀信认为"文字质古不减《世俘》,其为周初使臣所记无疑"[见氏著《前言》,《逸周书校补注译(修订本)》,三秦出版社,2006,第54页]。

[2] 此篇刘起釪认为顾颉刚晚年已倾向于相信是"西周传下来的",刘起釪定为"周初",参见顾颉刚、刘起釪《尚书校释译论》,第1706—1707页。

[3] 参见马瑞辰《毛诗传笺通释》卷32,第1186—1187页。刘掞藜认为"丰水东注,维禹之绩"之"绩"当从毛传、郑笺(见氏著《讨论古史再质顾先生》,顾颉刚编著《古史辨》,第一册,第166页),恐非是。但是他的目的在于反驳顾颉刚。

[4] 杨筠如《尚书覈诂》,陕西人民出版社,2005,第407页。

中武王所说的"绩",也是假借字。比较春秋时期的秦公簋铭文和相近的秦公王姬镈、钟和秦公镈铭文,与"鼏宅禹迹"相应的是"赏宅受国","奄有下国",我们可以知道《閟宫》所说后稷"奄有下国",也就是《商誓》的"登禹之绩(迹)"。它们都是讲得到居处的土地;而未必是顾颉刚在"层累说"中所强调的"做国王",更不是讲古史,以禹为历史的开端。因为有的说到了禹,有的只是讲"赏宅受国","奄有下国"——因此以禹为历史的开端,这是顾颉刚在成见指导下的误读。其实这一类话是当时的套话,春秋时期的叔弓镈(旧称齐侯镈钟)铭文也说其祖先成汤"处禹之堵"。这里关于禹迹的叙述,只能说明在古人的观念里这些人比大禹要晚,古人重视大禹治水的成绩,却不能证明大禹是历史的开端。

《閟宫》说后稷"缵禹之绪",又有"至于文武,缵大王之绪",似乎《閟宫》中后稷和禹的关系,类似文武和大王一样,有血缘关系,因此顾颉刚以禹为周人所述的祖先。不过无血缘关系而缵绪的例子也存在,如在《大戴礼记·少闲》中孔子说成汤"服禹功以修舜绪";清华简《保训》也说尧舜之事,讲舜得中之后,

四、周人的夏商周古史系统

"用作三谕之德。帝尧嘉之,用受厥绪"[1];此外古文《尚书·仲虺之诰》也有:"天乃锡王勇智,表正万邦,缵禹旧服。"看来"缵禹之绪",只是表彰后稷的"克播百谷"的大功勋,以之为大禹治水的未竟之功,为周朝的统治披上合法化的外衣。

有关大禹治水之事,近年出土的西周中期的燹公盨铭文,开篇就说:"天命禹敷土,随山浚川",时代在西周中期。裘锡圭指出:"虽然燹公盨恰好是西周中期器,但是这却并不能成为支持顾(颉刚)氏'禹是西周中期起来的'说法的证据。在此盨铸造的时代,禹的传说无疑已经是相当古老的被人们当作历史的一个传说了。"[2] 但我们不能由"天命"就承认顾颉刚所说的禹本来是神,后来(《鲁颂·闳宫》,鲁僖公时)才成为有天神性的人,是商周共同追述者,是历史的开端的结论。其实,《尚书·洪范》已经提及鲧、禹,其时代

---

[1] 简文释读参见拙作《读清华简札记(五则)》,《简帛研究二〇一二》,广西师范大学出版社,2013。
[2] 裘锡圭《新出土先秦文献与古史传说》,《中国出土古文献十讲》,第22页。

可能在西周初年[1]，禹之前有鲧；其次，周公在《君奭》、《立政》中均称"我有夏"，在《康诰》中称"我区夏"，虽然是对族人讲话，但是其以本族为夏之后继者乃至

---

[1] 参见徐复观《阴阳五行及其有关文献的研究》、《由〈尚书〉〈甘誓〉〈洪范〉诸篇的考证，看有关治学的方法和态度问题——敬答屈万里先生》，均载《中国人性论史（先秦篇）》，台湾商务印书馆股份有限公司，1994。刘起釪《〈洪范〉成书时代考（附今译）》，《尚书研究要论》，齐鲁书社，2007，第400—401页。原载《中国社会科学》1980年第3期。李学勤《帛书〈五行〉与〈尚书·洪范〉》，《简帛佚籍与学术史》，江西教育出版社，2001（1994年台湾时报出版公司繁体版）；《叔多父盘与〈洪范〉》，《中国古代文明研究》，华东师范大学出版社，2005。裘锡圭《燹公盨铭文考释》，《中国出土古文献十讲》，第70页。近年关于〈洪范〉时代的讨论，可参见丁四新：《近九十年〈尚书·洪范〉作者及著作时代考证与新证》，《中原文化研究》2013年第5期；李若晖《〈尚书·洪范〉时代补证》，《中原文化研究》2014年第1期；庞光华《"司空"新考——兼考〈尚书·洪范〉的成书年代及其他》，《上古音及相关问题综合研究：以复辅音生母为中心》，暨南大学出版社，2015；李妙麟《〈洪范〉成书时代问题探究》，北京师范大学硕士学位论文，2017年5月。按：《洪范》有司寇而无司马，当是因为"农用八政"主要讲国内政事，故有司寇、司空、司徒而不及司马。"司寇"虽最早见于恭王时期的南季鼎（02432），但是传世文献中周初有司寇，如《左传·成公十一年》记刘康公、单襄公说："昔周克商，使诸侯抚封，苏忿生以温为司寇。"《左传·定公四年》子鱼则说："武王之母弟八人，周公为大宰，康叔为司寇，聃季为司空"。刘节所提出的问题中，耕阳合韵的问题尚未见反驳。西周晚期的毛公鼎耕阳合韵最多，早中期也有。

前朝遗民的意思很明显，以与其宗主殷商抗衡[1]；再次，周公、召公在对殷周人的讲话中多次提及夏的历史，《汤誓》也讲伐夏，《商颂·长发》也讲到"韦顾既伐，昆吾夏桀"，这说明商周之先有夏存在是当时的古史常识。因此，我们不能像顾颉刚那样仅仅根据《诗经》只有商周史诗，都提到了禹，没有讲夏和禹的关系，而后稷"缵禹之绪"，就断定当时的古代史是从禹开始。

2. 周初人对夏之前历史的认识

禹是夏启的父亲，夏朝的创始人，但是《洪范》提及了鲧。而由苏秉琦的"满天星斗"说，我们不难推想古代各族关于自己氏族的古史传说（历史2）各自不同。几经征伐、合并、建构之后，亡佚者虽多，但是仍然当有不少遗存者，以及氏族融合之后的改造之说、古史系统的建构（历史3）。传说武王渡孟津时，诸侯不期而会者有八百国。这些诸侯、部落中，当仍然流传着不少古史传说，而且有一些部落的历史可能

---

[1] 参见陈致《从礼仪化到世俗化：〈诗经〉的形成》，吴仰湘等译，上海古籍出版社，2009，第103—110页。

比夏商周还要久远。《左传》里记有很多古代名族的宝器和名人的"虚",如《左传·定公四年》记祝佗之言:"昔武王克商,成王定之,选建明德,以蕃屏周。故周公相王室,以尹天下,于周为睦。分鲁公以大路、大旂,夏后氏之璜,封父之繁弱,殷民六族……因商奄之民,命以伯禽而封于少皞之虚……分唐叔以大路、密须之鼓、阙巩、沽洗,怀姓九宗,职官五正",《昭公十七年》记梓慎说:"宋,大辰之虚也;陈,大皞之虚也;郑,祝融之虚也……卫,颛顼之虚也。"这些虚,如同殷虚(墟)一样,应该是一些古代氏族曾经活动过,后来荒废了的场所。当然,这些地方未必是其氏族开始或不变的活动场所,有一些也可能只是后人的传说或虚拟的祭奠、追忆之所,未必能证实。

与这些远古民族可能存在系统的古史传说相类似的,是商人的世系谱。其世系开端的高祖里有一些人物很可怀疑[1],其后有一些人物事迹不清楚。比如报乙、

---

[1] 殷商"高祖亥"之前的人物,甲骨文与《殷本纪》等的记载不能完全对应,很多学者表示怀疑。参见丁山《神话观之夏、商、周、秦建国前的先王世系》,《中国古代宗教与神话考》,龙门联合书局,1961,第549页;陈梦家《殷虚卜辞综述》,中华书局,1988,第335—336页。

报丙、报丁，秩序井然，即使确有其人，其名号恐怕是出自后世的追定[1]。但是至少成汤之后的历史，对当时人而言是众所周知的。

因此，《吕氏春秋·慎大》所记"武王胜殷，入殷，未下舆，命封黄帝之后于铸，封帝尧之后于黎，封帝舜之后于陈；下舆，命封夏后之后于杞，立成汤之后于宋以奉桑林"（《礼记·乐记》《史记·周本纪》等略同而小异[2]），应该是表明周人对于古代圣贤、氏族古史的一种承认。不过疑古者恐怕不信武王之时有封黄帝、尧、舜之后的事情，会指为后世的伪托。但是起码陈、杞、宋之封，当比较可信（虽然宋未必是武王在位时所封）。《左传·襄公二十五年》载子产答晋人云"昔虞阏父为周陶正，以服事我先王。我先王赖其利器用也，与其神明之后也，庸以元女大姬配胡公，而封诸陈，以备三恪"。《昭公三年》称晏子说："箕伯、直柄、虞遂、伯戏，其相胡公、大姬已在齐矣。"《国语·鲁语下》则记孔子说："昔武王克商，通道于九夷、百蛮，使各以其方贿来贡，使无忘职业。于是肃慎氏

---

[1] 参见常玉芝《商代宗教祭祀》，中国社会科学出版社，2010，第226页。
[2] 参见王叔岷《史记斠证》，中华书局，2007，第131页。

贡楛矢、石砮，其长尺有咫。先王欲昭其令德之致远也，以示后人，使永监焉，故铭其栝曰'肃慎氏之贡矢'，以分大姬，配虞胡公而封诸陈……"均记虞舜之后人与周的关系，以及周武王以太姬配胡公之事。《上海博物馆藏战国楚竹书（七）》中的《吴命》篇，有不少史事可与《左传》《国语》等相参，其简8记吴国之辞说"以陈邦非它也，先王故姊大姬之邑"[1]，也与周武王以大姬配胡公并封之于陈之事相关。这些记载的年代虽晚，但有的是博物君子之言，有的是外交辞令，有的是出土竹简，虽或不免有增饰之辞[2]，但恐怕难以协同作假。故周初人对于虞舜故事及其后裔，当均有所了解，因此才有周武王嫁女之事，然则舜之后裔受封看来不假。由这些故事还能判别《左传·昭公八年》所记史赵说的话有真有假（假话是相对的，其实是后起之说）："陈，颛顼之族也，岁在鹑火，是以卒灭。陈将如之。今在析木之津，犹将复由。且陈氏得政于

---

[1] 参见拙作《读楚简札记》，《古文字研究》第28辑，中华书局，2010。
[2] 参见周书灿《有关周初陈、杞封建的几个问题》，《河北师院学报（社会科学版）》1996年第4期。

四、周人的夏商周古史系统

齐而后陈卒亡。自幕至于瞽瞍无违命,舜重之以明德,置德于遂。遂世守之。及胡公不淫,故周赐之姓,使祀虞帝。"参较子产、晏子、孔子等人之言,史赵认为有虞为颛顼之后当是后起的说法。武王是封帝舜之后于陈,史赵也说其目的是"使祀虞帝"而不是祀颛顼。由此来看,上述诸人所说周初武王封虞舜之后的说法,资料来源的时间虽晚,但是所述的事较有可信性。而且顾颉刚后来也承认陈、杞可能在周初受封,"奉虞、夏之祀"[1]。然则清华简《保训》记周文王临终对武王讲尧舜之事[2],恐怕也不是空穴来风。因为舜得中,有大德,所以周人才敬重其后人。因而武王封尧之后,也有可能。至于黄帝之后,可能是成王所封,但也可以算周初(详后)。这就如同"立成汤之后于宋",实乃成王、周公封微子启一样;武王原来所封的武庚叛乱,被周公征灭。至于某些书籍提到的所谓武王封神农、颛顼、少昊、伯夷、太昊、炎帝之后等,则还有待考究,

---

[1] 顾颉刚、史念海《中国疆域沿革史》,商务印书馆,1999,第29页。
[2] 笔者认为,《保训》的形成时间可能是西周中晚期,有学者推论得更晚,也有学者认为是西周初的作品,笔者曾对晚出之说有所批评,见拙作《"阴阳"与"中"》,《深圳大学学报(人文社会科学版)》2012年第3期)。

恐难皆信。

当然，周初是否封黄帝、尧、舜之后是一回事，周人是否从政治上确认这些名人后代所说的历史，则是另一回事。笔者认为即便文王提及了尧舜，武王封了尧、舜、禹之后，但周人对于黄帝尧舜鲧禹等人物在历史上的先后顺序，恐怕在周初还来不及形成一个古史系统。且周人的世系谱里，后稷之后，有一段历史不明。《国语·周语上》记祭公谋父谏周穆王征犬戎，言及"昔我先王世后稷，以服事虞、夏。及夏之衰也，弃稷不务，我先王不窋用失其官，而自窜于戎、狄之间……"，说"后稷"是一个世袭的官职，中间有多少代人已经不清楚[1]，这显然是一种历史解释，这已是后来的古史系统了。

因此，本族古史系谱不全，其他有名的氏族后代散处，这应该是周人当时建立古史系统的背景。周人为了维护刚刚打下来的江山，大封名族之后，收买人

---

[1] 有学者或许会采用《史记》或后世的注疏之说，认为后稷之后就是不窋，夏之衰当少康之时。其实此说不可信；退一步讲，就算此说可信，不窋之后也当有长时段世系不明。因为周人自后稷至文王只数得出十五王（详后），却要经历夏、商两朝，不可能每一个周的先王都长寿且都晚年得子。

四、周人的夏商周古史系统

心；封建子侄占据名族之虚。他们承认鲧禹治水、夏朝、商朝等得到公认的历史；可能承认唐虞先于夏，但并没有说是连续的朝代系列；商周之外，还有很多氏族，各有其名人乃至古史系统；最重要的则是认定其祖先后稷在大禹之后，本族是夏之后；由于后稷有大功，文王得天命，所以他们取代商是合理的、合法的。因此，这一时期的古史系统，主要是以夏商周三代为中心，可以称为夏商周三代型古史系统。

但是这只是周初草创时期的一个古史系统，很可能主要是依据先周时期的历史认识，是目前所可考见的周人古史系统的第一阶段。那些著名氏族的古史系统有待像尧、舜世系一样被确认，名族之后乃至假冒的名族后裔，都希望得到优待。如果说这一问题在周初尚不迫切，那么当西周的政局稳定下来之后，就会成为一个大问题了。

五、周人的虞夏商周古史系统

除了作为名族后裔受优待之外,古史的问题何至于这么重要呢?我们看《逸周书·王会》就会明白。此篇讲周成王在成周大会诸侯,不难发现其中诸侯的排位先后顺序,是根据古史而来的。如"堂下之右,唐公、虞公南面立焉,堂下之左,殷公、夏公立焉,皆南面"[1],唐公、虞公作为尧舜的后人,其地位仅次于在堂上陪同天子的姬姓的唐叔、荀叔、周公和姜姓

---

[1] 按:成王前期的保尊、保卣铭文已经提到周成王殷见东国五等诸侯,又"遣于四方会"(参见李学勤《"天亡"簋试释及有关推测》,《三代文明研究》,商务印书馆,2011);《王会》篇黄怀信认为篇末段之前的部分时代较早(见氏著:《前言》,《逸周书校补注译(修订本)》,第6页),故这一段引文较早。张怀通认为《王会》原本制作于西周,至战国时定型,见氏著:《〈王会〉与西周时代的民族及方物》,《〈逸周书〉新研》,中华书局,2013。《王会》即使是后世依托之文,但是依古史先后来排定位次,则当有所本,蔡、卫争先即是明证。

的太公望，在群臣之先。再如后来《左传·定公四年》记"刘文公合诸侯于召陵"之时，"蔡将先卫"，苌弘的解释是"蔡叔，康叔之兄也，先卫，不亦可乎"。此事后来虽经卫子鱼（即祝佗）的游说而未果行，但也可以反映据古史来排先后的原则。

因此，诸侯在朝聘会同之时，既然会根据古史人物先后来排定先后顺序，那么必须要有一个可以依据的、权威的古史系统。此外，贵族之间的婚姻，也会牵涉到是否是同姓之后而不得通婚的问题。这些涉及古史的问题一旦出现而未得解决，势必会像春秋早期的齐侯壶[1]所载出现礼制的疑问后"齐侯命太子乘驷来敂宗伯，听命于天子"的情况。所以构建一个包括更多名族的古史系统，是周人也是各诸侯国的需要。这一问题显然只能由周王朝来解决，以天子之命的形式，由专门的官吏来负责。这专门的职官很可能是宗伯，即《周礼》的大宗伯。周人很可能从成王后期便开始重建古史系统，进行第二次古史系统的建构，建立了

---

[1] 参见李学勤《齐侯壶的年代与史事》，《文物中的古文明》，商务印书馆，2008。按：齐侯壶初称洹子孟姜壶，以为春秋晚期，李文重新讨论了这一问题，定为春秋早期。即便齐侯壶年代为春秋晚期，考春秋中晚期难有礼制改变，似也不影响本文结论。

1. 虞夏商周古史系统概观

这一古史系统的完成,可以从周穆王时期的一些材料上反映出来。

上引《国语·周语上》中,祭公谋父对周穆王说后稷"服事虞、夏"之言,已经体现了整理古史系统的某些成果。他说,"后稷"之官始于虞、夏时期,而周初的武王、周公、召公等并没有明确提及夏之前的虞,虽然他们可能提及了舜,但是并没有将虞作为夏之前相连的一个朝代。当后稷成为虞夏时期之人后,他就可以和大禹并列,而不是在其后了。因此,西周恭王时期的史墙盘铭文就可以直接提"上帝、后稷亢保"[1],完全不需要"登禹之绩(迹)"、"缵禹之绪"这些

---

[1] 裘锡圭《史墙盘铭解释》,《文物》1978年第3期。

五、周人的虞夏商周古史系统

过渡内容了。传为周穆王时的《吕刑》[1]中说：

> 王曰：若古有训，蚩尤惟始作乱，延及于平民；罔不寇贼，鸱义奸宄，夺攘矫虔。苗民弗用灵，制以刑，惟作五虐之刑曰法，杀戮无辜。爰始淫为劓、刵、椓、黥，越兹丽刑并制，罔差有辞。民兴胥渐，泯泯棼棼，罔中于信，以覆诅盟。虐威庶戮，方告无辜于上。上帝监民，罔有馨香德，刑发闻惟腥。皇帝哀矜庶戮之不辜，报虐以威，遏绝苗民，无世在下。乃命重、黎，绝地天通，罔有降格。群后之逮在下，明明棐常，鳏寡无盖。皇帝清问下民，鳏寡有辞于苗。德威惟畏，德明惟明。乃命三后，恤功于民：伯夷降典，折民惟刑；

---

[1] 按：顾颉刚曾认为《吕刑》较早，是周穆王时的作品。但这与胡适的指导意见以及"东周以上无史论"有矛盾，以致顾颉刚后来怀疑《吕刑》成于吕灭于楚之后（参见拙作《经史之学还是西来之学："层累说"的来源及存在的问题》，《新出简帛的学术探索》）。刘起釪认为《吕刑》为吕王所作，与周穆王无关，是西周作品（参见顾颉刚、刘起釪《尚书校释译论》，第2083—2112页）。相近意见及认为本篇晚出者尚多，然程元敏——驳之，力主传统说法（见氏著《尚书周书牧誓洪范金縢吕刑篇义证》，万卷楼图书股份有限公司，2012，第289—331页）。

> 禹平水土，主名山川；稷降播种，农殖嘉谷。三后成功，惟殷于民。

因为蚩尤等的具体历史年代不清楚，所以使用"若古有训"来表述[1]，类似《尧典》的"曰若稽古"。其时有蚩尤（苗民之王），有重、黎，有"三后"伯夷、禹、稷。这种古训可能来时久远，其中蚩尤、重、黎在禹之前，这应该是有一定来源的古史知识。此处对于周人而言，最重要的恐怕是伯夷和稷得以同禹并列，为"皇帝"同时所命，并称"三后"，其时代为同时。而在周初，《逸周书·商誓》是说后稷"登禹之绩"，是在大禹之后的。

综合祭公谋父之言和《吕刑》来看，周人可能已经有了一种新的古史系统了。在那里，其始祖后稷和大禹并列，时代得以提前了；在夏之前，已经安排了前后相连的虞朝。此中伯夷地位的确立，当是因为他是姜姓始祖，而姜嫄是后稷之母，姜是姬周的重要同盟——这一点可能也有笼络戎人（姜戎）的意图。不

---

[1] 这样的古训在后来可能还有所遗存，如《左传·襄公四年》载魏绛对晋侯说："《夏训》有之曰：'有穷后羿'"（古文《尚书·五子之歌》用之），但是《吕刑》及后文《逸周书》所引未系年代，当比《夏训》早。

五、周人的虞夏商周古史系统

过由于资料稀少,看起来虞和禹之前的蚩尤、重、黎等,虽然进入了周人的视野,但是还不成年代序列。因此周人的第二阶段的古史系统,是以虞夏商周四代为主,可以称为虞夏商周四代型古史系统。

成书时间可能和《吕刑》时代接近的《逸周书·尝麦》[1],记:

> 王若曰:"宗揜、大正,昔天之初,□作二后,乃设建典,命赤帝分正二卿,命蚩尤于宇少昊,以临四方,司□□上天未成之庆。蚩尤乃逐帝,争于涿鹿之河,九隅无遗。赤帝大慑,乃说于黄帝,执蚩尤,杀之于中冀。以甲兵释怒,用大正顺天思序,纪于大帝,用名之曰绝辔之野。乃命少昊

---

[1] 刘起釪认为《尝麦》篇"保存了西周原有史料,其文字写定可能在春秋时……《尝麦》为成王亲政后的纪录文献",见氏著《尚书学史(订补本)》,第96页。李学勤则认为此篇时代和《吕刑》接近,见氏著《〈尝麦〉篇研究》,《古文献丛论》,上海远东出版社,1996。刘起釪后来也说:"与《吕刑》基本同时保存了西周资料的有《逸周书·尝麦篇》""《尝麦》所记礼制与《顾命》相近,亦知其为西周资料",见顾颉刚、刘起釪《尚书校释译论》,第1918页。

请司马鸟师[1]，以正五帝之官，故名曰质。天用大成，至于今不乱。其在殷〈启〉之五子，忘伯禹之命，假国无正，用胥兴作乱，遂凶厥国。皇天哀禹，赐以彭寿，思正夏略。今予小子闻有古遗训而不述，朕文考之言不易……"

在这里，有赤（炎）帝、黄帝、蚩尤、少昊，其后记禹、启、五观之事。这里虽未提及后稷等周人事迹，但是蚩尤之事可以和《吕刑》对应；或说"赤帝分正二卿"即重、黎，则这也可以和《吕刑》对应。这表明在当时的古遗训里，在禹、后稷之前，确是有史可述的。虽然《吕刑》讲上帝遏绝苗民，《尝麦》讲黄帝杀蚩尤，这正是古人神话和传说、历史不分的表现。

可以注意的是，《尝麦》记的是成王亲政后的事，按照前述古书流动地形成的观点，如果我们把《尝麦》主体形成的时间提前至成王时代，或者说将《吕刑》所述古训、《尝麦》所提古史看作是西周初就已经有

---

[1] 黄彰健读"乃命少昊请司马鸟师，以正五帝之官"为"乃命少昊请（清）司（嗣），马〈为〉鸟师以正五帝之官"，认为此文据《左传》，"正五帝之官"则为晚周阴阳家言（见氏著《中国远古史研究》，第48页），今不从。

的古史传说,应该也符合西周初人的古史系统。因为当时人还不及整理古史系统,只谈及夏商周。虽然分封时用了一些名族的宝器,并封到一些名人之虚,但对更早的古史尚未从政治上予以确认。从成王开始,就逐渐根据一些材料来整理古史系统了。这一阶段所做的,主要是把本族的祖先后稷、姜姓的祖先伯夷提前到和禹并列的地位,同时在夏之前确立了虞,并承认此前还有蚩尤等的事情。这是周人古史系统的第二阶段。

2. 古史系统与礼制

与古史系统的转变相关的,是礼制乃至文化体系的变化。根据学者们的研究,周礼大约在昭、穆之际定型,而从周穆王、恭王(或写作"共王")开始,青铜礼器发生了变化:铜器组合中,商代以来流行的酒器逐渐退出,食器增加;器物形制发生了变化,器物纹饰上几何纹饰代替以动物纹饰为主的肖形纹饰;列鼎列簋配套的列器制度与编钟制度出现[1]。"从礼器制度来看，真正的周礼大概是从穆王时才开始的"[2]，"穆王时期似乎是一系列重大变化的开始……变化之一体现在西周中央政府的运作上，'册命金文'出现了。在青铜艺术领域，最明显的变化就是周式风格青铜装饰艺术的日趋成熟，各种类型的华丽鸟纹被装点在青铜器的突出位置上，标志着与源于商代传统的兽面纹的完全脱离。"[3]在册命金文中，还有学者细分出召赐制

---

[1] 参见杰西卡·罗森著《青铜铸造技术革命及其对各地铸造业的影响》，《祖先与永恒：杰西卡·罗森中国考古艺术文集》，邓菲等译，三联书店，2011（原文 1986 年发表）。曹玮《从青铜器的演化试论西周前后期之交的礼制变化》，"周秦文化国际研讨会论文"，西安，1993 年；《周秦文化研究》编委会编《周秦文化研究》，陕西人民出版社，1998。罗泰（Lothar von Falkenhausen）《有关西周晚期礼制改革及庄白微氏青铜器年代的新假设：从世系铭文说起》，中国台北研究院历史语言研究所编《中国考古学与历史学之整合研究国际研讨会论文集》，1997。Lothar von Falkenhausen, *Chinese Society in the Age of Confucius (1000–250 B.C.): The Archaeological Evidence* (Los Angeles: Cotsen Institute of Archaeology Press, 2006), pp. 43–52.

[2] 郭宝钧遗著，邹衡、徐自强整理《商周铜器群综合研究·整理后记》，文物出版社，1981，第 208 页。

[3] 李峰《西周的灭亡——中国早期国家的地理和政治危机》，徐峰译、汤惠生校，上海古籍出版社，2007，第 111—112 页。

五、周人的虞夏商周古史系统

度,也是在恭王以后实行[1]。在具体的礼制上,有学者指出传世文献中的西周庙制之所以称为昭穆制度,与这一制度成立于昭穆之后的恭王有关[2];禘祭上也有学者认为金文表明周穆王时的禘祭,与康王相比已经有很大变化[3]。在诗歌、音乐方面,"四言成语的大量出现、四言体诗的形成,都应在西周中晚期,共王穆王时期以后。而这一现象并非偶然,与音乐的发展和周代礼乐中双音钟的规范使用,四声音阶在礼乐中的定型等都有关联。西周穆王(前976—前922)时期是规律性双音钟出现的起点,从此以后,西周编甬钟的正侧鼓音呈现了规律化的小三度音程关系。在音乐上使用四声音阶与西周祭祀语言四言化有直接关系,而祭祀语词的四言化又直导四言诗体的形成……与音乐的发展相对应,西周青铜器铭文也经历了由杂言向四言,

---

[1] 参见张懋镕《金文所见西周召赐制度考》,《古文字与青铜器论集》,科学出版社,2010。

[2] 参见谢维扬《周代昭穆制度》,《周代家庭形态》,中国社会科学出版社,1990。

[3] 陈戍国《先秦礼制研究》,湖南教育出版社,1991,第201页。按:陈氏以文献来讲禘其祖所自出等内容,则未必可信,这些也不见于铭文之中。

由无韵到入韵的变化"[1]。黄铭崇认为在恭王时期，殷贵族的威胁基本解除，周王朝在礼制上进行了大规模的改革[2]。在青铜器研究的基础上，韩巍指出穆恭之际西周王朝的政治、经济体制也发生了显著的变化，与"册命体制"的建立几乎同时，少数世家大族垄断了册命仪式中的"右者"之位，把持了朝廷大权，"世族政治"出现[3]。另外，周宣王时期，礼制在中兴的背景下有一些变化[4]，并进行了一些文化事业，可能初步编过诗，这为后来的礼制、古史系统的变革奠定了一定的基础。

这些研究成果，对我们此处的研究不无启发。虽

---

[1] 陈致《清华简中所见古饮至礼及〈𨟎夜〉古佚诗试解》，李学勤主编《出土文献》，第一辑，中西书局，2010。

[2] 黄铭崇《从考古发现看西周墓葬的"分器"现象与西周时代礼器制度的类型与阶段》（上篇、下篇），台湾《中央研究院历史语言研究所集刊》，第八十三本第四分（2012年），第八十四本第一分（2013年）。

[3] 韩巍《由新出青铜器再论"恭王长年说"（初稿）》，"简帛文献与古代史"学术研讨会暨第二届出土文献青年学者论坛会议论文，2013年10月19—20日，上海，复旦大学。

[4] 参见王治国《四十三年逑鼎铭文所反映的西周晚期册命礼仪的变化》，朱凤瀚主编《新出金文与西周历史》，上海古籍出版社，2011。

五、周人的虞夏商周古史系统

然西周早期的青铜器分期断代存在极大困难,但由《逸周书·王会》以及天亡簋铭文所说"乙亥,王有大礼,王同三方",成王时的何尊铭文所说"惟王初迁宅于成周,复禀武王礼",麦方尊说"王乘于舟,为大礼"来看,周初已有一种礼制,它当是继承先周及商代之礼而来者[1],在武王胜殷之后,得以在一定程度上固定,故何尊铭文特别说明是"复禀武王礼",此礼可能就是天亡簋所说的那次"大礼"[2]。但这毕竟是一时因循诸侯旧制而改易、草创的天子礼,不符合代商而有天下的天子威仪。而且从《逸周书·世俘》的"王烈祖自大王、大伯、王季、虞公、文王、邑考,以列升"来看,其礼制显然还带有兄终弟及制度的残留。王国维的《殷周制度论》就特别推崇周公的宗法制和封建制,以嫡长子继承制替换兄终弟及制,封建姬周庶子亲信及其臣仆,强调周公制礼作乐的贡献,强调殷周之际的变革。实际上这些事情绝非周公一人之力可以完成,其

---

[1] 参见李学勤《𢆶其三卣与有关问题》,胡厚宣主编《全国商史学术讨论会论文集》(《殷都学刊》增刊,1985年);《谈叔矢方鼎及其他》,《中国古代文明研究》,华东师范大学出版社,2005。
[2] 参见李学勤《"天亡"簋试释及有关推测》,《三代文明研究》,商务印书馆,2011。

推行也不可能一蹴而就，而应该是西周统治贵族的集体行为，长期行为；而且宗法制和封建制在殷代末年已经有雏形出现。因此，昭穆时期周礼的定型，应是指的周公、成王乃至康王、昭王边因循、边创制而改革殷代及周初武王之礼后，逐步形成的新礼制。这一礼制的变革由统治者开始推行到表现于出土文献，有一个较长的过程。高青陈庄器铭"文祖甲齐公"等青铜器铭文可以表明，西周初期，吴、齐、燕等封国与周王室一样保留了夏商以来以甲乙等日干作为庙号的习俗（通称为日名）。但到穆王时期已经完成了由日名过渡到单纯使用文、武、成、康谥法，而不是商以来的谥法和日名并用[1]。因此商朝按照日干往复祭祀的周祭制度在西周初是否还实行或变相实施，虽尚有待研究，但到穆王时期可以确定已没有这种周祭制度了。这和传统所说的周公制礼定天子七庙之说相关，但显然实际情形是一个渐变的过程。再如周初分封，也是继承商人、先周的分封制度，所封之人不多，封"三恪"是一种政治姿态，封"三监"则是监视殷遗民。此

---

[1] 参见李学勤《论高青陈庄器铭"文祖甲齐公"》，《三代文明研究》。

五、周人的虞夏商周古史系统

后周公、成王、康王大力封建子侄，同时也封了不少名族之后，则是力行分封制度，将之作为一种统治政策。《左传·昭公二十八年》记成鱄说："昔武王克商，光有天下，其兄弟之国者十有五人，姬姓之国者四十人。"其实古人早已指出这是把后来的分封也归功于武王。我们看《逸周书·王会》里，有唐公、虞公，却没有黄帝之后的位次，这或许说明黄帝之后的受封，可能在此之后，当系成王或后王所封，并非武王亲封。而封黄帝之后的意义，非唐、虞之后可比，黄帝之后及与黄帝相等者之后，理论上都可以受封。此外，即便是像飞廉这样辅佐商王纣又叛周的人之后代，成王也分封。清华简《系年》记载："成王伐商奄，杀飞廉，西迁商奄之民于朱圉，以御奴虘之戎"[1]，当是以飞廉之后统部分商奄之民西迁。这种政策和《逸周书·世俘》所载武王伐商之后，灭国"九十有九国"的政策是不同的。李学勤还指出：由《尝麦》可以看出，"周朝早有刑书存在，后经修订，成为九篇，这就是《左传》提到的《九刑》。《九刑》是在周公创制的基础上形成

---

[1] 清华大学出土文献研究中心编，李学勤主编《清华大学藏战国竹简（贰）》，中西书局，2011，第141页。

的，从而如《左传》所载，有周公誓命的内容"[1]。甚至《尝麦》所提"正刑书"九篇，可能就是成王、周公的《刑书》。而穆王晚期的《吕刑》，则加了很多以罚代刑的内容，可以说是一次大的改革。另外，由清华简《周公之琴舞》《耆夜》[2]等内容可以看出，周初的礼乐尚简单，而到了穆王之后，则是用成套的编钟来代替琴瑟了。前述齐侯壶说"齐侯命太子乘驷来叩宗伯，听命于天子"，参考《周礼·大宗伯》属下的职官祝宗卜史中，史有大史，"大会同、朝觐，以书协礼事"，小史，"掌邦国之志，奠系世，辨昭穆"，"大丧、大宾客、大会同、大军旅，佐大史"，大史、小史正有在会同之时按世系、昭穆排定位次的作用。此外还有内史、外史、御史等史官。因此，可以想见，当是这一类史官在创建古史系统上发挥了重要作用。可见从成王后期起至穆王时的材料表现出来的虞夏商周四代型

---

[1] 李学勤《〈尝麦〉篇研究》，《古文献丛论》。
[2] 《耆夜》的年代尚有争论，但笔者认为其中一些诗经过了后来的改写；《周公之琴舞》中有可与周成王的《周颂·敬之》相对应的篇章，其始作年代当在周初。参见拙作《清华简〈耆夜〉续探》《同文与族本——新出简帛与古书形成研究》。

五、周人的虞夏商周古史系统

古史系统的出现，是和礼制的改变同时发生并定型的。然则此前周人第一阶段的夏商周三代型古史系统，也可以说是和先周、周初的礼制相配合的。

如上所述，从穆王（后期）及恭王起，礼制有了新的重大变化。但是一则从懿王起，王室衰微；二则"国人暴动"和"宣王中兴"摧毁了"世族政治"的格局，使"册命体制"趋于瓦解[1]，因此礼制虽然有变化，但是没有最终定型，也没有影响到古史系统的变革。直到西周末年，仍未出现新的古史系统。《国语·郑语》记史伯答郑桓公"王室多故，余惧及焉，其何所可以逃死"时，说"王室将卑，戎狄必昌，不可逼也"，论及了古史：

> 荆子熊严生子四人：伯霜、仲雪、叔熊、季䵣……臣闻之，天之所启，十世不替。夫其子孙必光启土，不可逼也。且重、黎之后也，夫黎为高辛氏火正，以淳耀敦大，天明地德，光照四海，

---

[1] 韩巍《由新出青铜器再论"恭王长年说"（初稿）》，"简帛文献与古代史"学术研讨会暨第二届出土文献青年学者论坛会议论文，2013年10月19—20日，上海，复旦大学。

故命之曰"祝融",其功大矣。夫成天地之大功者,其子孙未尝不章,虞、夏、商、周是也。虞幕能听协风,以成乐物生者也。夏禹能单平水土,以品处庶类者也。商契能和合五教,以保于百姓者也。周弃能播殖百谷蔬,以衣食民人者也。其后皆为王公侯伯。祝融亦能昭显天地之光明,以生柔嘉材者也,其后八姓于周未有侯伯。佐制物于前代者,昆吾为夏伯矣,大彭、豕韦为商伯矣,当周未有。己姓昆吾、苏、顾、温、董。董姓鬷夷、豢龙,则夏灭之矣。彭姓彭祖、豕韦、诸稽,则商灭之矣。秃姓,舟人,则周灭之矣。妘姓邬、郐、路、偪阳,曹姓邹、莒,皆为采卫,或在王室,或在夷狄,莫之数也。而又无令闻,必不兴矣。斟姓无后。融之兴者,其在芈姓乎……若周衰,其必兴矣。姜、嬴、荆芈,实与诸姬代相干也。姜,伯夷之后也,嬴,伯翳之后也。伯夷能礼于神以佐尧者也,伯翳能议百物以佐舜者也。其后皆不

五、周人的虞夏商周古史系统

失祀而未有兴者,周衰其将至矣。[1]

史伯作为史官,熟悉古史。他在西周末年所讲的古史,详述虞夏商周的系谱,又提到高辛氏火正祝融(黎)、

---

[1] 按:此一段文字,顾颉刚认为是"周衰之后,虎视眈眈的诸外族要求继周而兴的呼声"(见氏著《中国上古史研究讲义》,中华书局,1988,第20页);李峰也根据卫聚贤之说认为《郑语》"可能成书于战国晚期的某个时候",但是他在论上引文中略去的史伯所说成周周边小国时,又根据材料指出"史伯所反映的地缘政治认知可以追溯到春秋前半段。即使是这个论述是在战国晚期才形成现在这个样子,它的编纂者必定对于春秋早期的政治地理颇为熟悉,至少曾经努力尝试着去对它进行重建"(见李峰《西周的灭亡——中国早期国家的地理和政治危机》,第266—268页)。李峰承认了疑古派的结论而又用编纂之说来反对之,或许只不过表明了所处学术圈中的风气。下注引傅斯年说就与此不同。本文认为李峰的说法其实可以表明,这一段材料是后人根据古代材料编纂而成,并非为外族继周而兴张本,也非重建。若是后世重建,古史系统必然包含着后世的观念。另外,李学勤根据青铜器铭文材料等,指出史伯的话中"祝融八姓"之说"反映了一定的历史事实,绝非出于捏造",参见李学勤《谈祝融八姓》,《李学勤集——追溯·考据·古文明》,黑龙江教育出版社,1989。

尧舜的帮手伯夷伯翳，认为荆、姜、嬴将兴[1]。伯夷、禹、稷作为"三后"，重、黎绝地天通，这是《吕刑》明确记载了的。虽然《吕刑》中的"皇帝"是上帝；史伯则说黎是高辛氏火正，但这与"皇帝"并不矛盾，因为当时人行事皆假天帝、上帝之命。因此，史伯所说和《吕刑》大体相当，只是"增加"了伯翳。在虞夏之外，时代不明确的高辛氏、重、黎等，两处则均只是提及而没有详细说明。这表明周人的第二阶段古史系统从成王至穆王

---

[1] 顾颉刚说《国语》"里边说的古代史事杂糅着汉代的成分"，"所记的各国世系，凡出力写的恐怕都是'有所为而为'的"，见氏著《中国上古史研究讲义》，第16、22页。但是傅斯年却认为："《左传》一书，原不是《春秋》之传，而大体是经《国语》中抓出来，附会上些书法以成的，在今日除古文专守经学家以外，已成定论。其中记载古代族姓国家的分合，至多也不过很少的一部分是汉时羼入的。现在若把《左传》《国语》中这些材料抄出，则显然可以看出有两类，大多的一类是记载族姓国别的，例如上文所引《郑语》中的一节；甚少的几段记古帝之亲属关系，例如黄帝子廿五宗，受姓十四人之类。上一类是记载民族国姓之分别，乃是些绝好的古史材料，下一类当是已经受大一统观念之影响，强为一切古姓古帝（古帝即每一民族之宗神 tribal gods 说另详）造一个亲属的关系。此种人类同源的观念，虽于发展到秦汉大一统的局势上有甚多助力，但是混乱古史的力量也非常厉害的。我们如果略去这些，则《国语》《左传》中记载古代民族的说话，实是些最好的材料了"，见氏著《〈新获卜辞写本后记〉跋》，《民族与古代中国史》，河北教育出版社，2002，第163—164页。按：傅斯年信《左传》《国语》中族姓国别的材料，不信古帝之亲属关系。

时定型起，直到西周晚期，没有太大变化。看起来似乎是后来增加了一些细节，但很可能细节早就有，只是文献不得见：如虞的先祖是虞幕，尧舜皆有助手，伯夷伯翳。而禹契稷是否为尧舜的助手，目前的文献尚无征。

《左传·僖公二十六年》记："夔子不祀祝融与鬻熊，楚人让之。"由此来看，史伯说楚人为祝融（黎）之后，得到了证明，即便这里楚人只是为吞并别国找借口。伯翳即益，然而秦人在秦襄公拥立周平王后，"自以为主少皞之神"，其前是否遵伯翳不得而知。清华简《系年》所追述秦的先祖是飞廉："成王屎伐商邑，杀彔子耿，飞廉东逃于商奄氏，成王伐商奄，杀飞廉，西迁商奄之民于朱圉，以御奴虘之戎，是秦之先"。因为《左传·定公四年》说及"因商奄之民，命以伯禽而封于少皞之虚"，则或许秦人此时也有因商奄之民，故而以少皞为主神的做法[1]；不过他们本族后来则从祖先

---

[1]《逸周书·作雒》说："周公立，相天子，三叔及殷、东、徐、奄及熊盈以略（畔）……二年，又作师旅，临卫政殷，殷大震溃，降辟三叔，王子禄父北奔，管叔经而卒，乃囚蔡叔于郭凌，凡所征熊盈族十有七国，俘维九邑"，刘师培谓熊、盈、嬴三文通用，徐、奄及飞廉皆嬴姓（参见黄怀信等《逸周书汇校集注（修订本）》，上海古籍出版社，2007，第515—516页）。

飞廉（乃至伯翳）追溯至高阳（详后文），这是两种不同的追述。

六、周人的炎黄古史系统

　　周人第三阶段的古史系统，见于春秋时期。大概因为古训、史伯所说的炎帝、黄帝、高辛氏、祝融等与虞夏的关系还不明确，因此周人的古史系统还不完善；同时平王东迁之后面临与东夷等的关系问题，他们有必要再进一步，将自己的祖先追溯至黄帝，成立新的包容性更大的炎黄古史系统。

1. 炎黄古史系统的形成

　　晋文公重耳的随从司空季子说的黄帝之子得姓的故事，就反映了周人古史系统的改变。《国语·晋语四》所载这一段话，旧解多有问题。杨希枚从唐兰之说而发展，提出是注文混入正文，可以读通，今从之：

炎黄子孙的来源

> 黄帝之子二十五人凡黄帝之子二十五宗。其同姓者二人而已；唯青阳青阳，方雷氏之甥也与夷鼓夷鼓，彤鱼氏之甥也皆为己姓唯青阳与苍林氏同于黄帝，故皆为姬姓。其同生而异姓者，四母之子，别为十二姓其得姓者十四人，为十二姓。姬、酉、祁、己、滕、箴、任、荀、僖、姞、儇、依是也。[1] 同德之难也如是。昔少典娶于有蟜氏，生黄帝、炎帝。黄帝以姬水成，炎帝以姜水成。成而异德，故黄帝为姬，炎帝为姜，二帝用师以相济也……

司空季子讲的黄帝二十五子只有二人同姓的故事，说明父子兄弟可以不同姓，姓与父母没有必然关系，关键在于"德"的异同，德决定了姓和类，而不是相反。这个故事能够说服重耳，表明黄帝之子得姓的故事在当时很有影响力，是一种古史"常识"，不然是不足以服人的。

司空季子说到"黄帝以姬水成，炎帝以姜水成"，

---

[1] 杨希枚《〈国语〉黄帝二十五子得姓传说的分析（上）》，《先秦文化史论集》，中国社会科学出版社，1995，第216页。夷鼓即苍林。

六、周人的炎黄古史系统

很明显是将"姬"姓的周和黄帝联系在一起,将"姜"姓和炎帝联系在一起,正反映了后人的改造,是对周(及其同盟姜)之权力的服从或认同。不过杨希枚既认为十二姓"姬、酉、祁、己、滕、箴、任、荀、僖、姞、儇、依"为注文,则我们不必据这一段话来论证周人此时已将一些姓氏、国家明确地划归为黄帝之后,只需知道周人把自己说为黄帝之后便已足够,否则有很多问题无法解释。比如传世铸公簠(《殷周金文集成》4574)铭文说"铸公作孟妊车母媵簠",王国维考证铸为任(妊)姓国,为武王所封黄帝之后[1];传世铸侯求鼎(《殷周金文集成》47)有"铸侯求作季姜媵钟",涂白奎认为这是媵他国之女[2],然则任姓为黄帝后似可肯定。但《左传·隐公十一年》记载:"春,滕侯、薛侯来朝,争长。薛侯曰:'我先封。'滕侯曰:'我,周之卜正也;薛,庶姓也,我不可以后之。'"根据《世本》的说法,薛是任姓国,为黄帝之后。可是薛侯所提出争长的理由,毫无黄帝之后的意思。滕侯虽为姬姓,但若与任

---

[1] 王国维《铸公簠跋》,《观堂集林·附别集》卷18,中华书局,1959,第889—890页。

[2] 参见涂白奎《邾国之姓考辨》,《史学月刊》2008年第7期。

皆出自黄帝的话，也不该斥薛为庶姓，可见薛是否任姓还可怀疑。另外，己姓在史伯之言里本来是祝融八姓之一，而这里却成为黄帝十二姓之一，也表明这很可能是一种建构。我们知道古代多是氏族，姓是后起的，或说是从母族而来，也有赐姓，等等，凡此诸说皆表明注文所说的十二姓，恐怕不能作为区分是否为黄帝之后的唯一根据。姬周以前和黄帝没有任何关系，就是明证。退一步说，即使此十二姓之说可靠，我们也不能根据《世本》之说，倒推出诸如祁姓为尧之后，则很古就有尧为黄帝后这一类说法。

这一段话给我们最重要的资讯是说出了姬姓和姜姓是黄帝与炎帝的后裔，而且黄帝炎帝本是兄弟，都是少典的后代。这样的故事在史伯那里是完全不同的——周人是后稷的后代，而姜姓是尧的帮手伯夷的后代。古训里虽然也提及炎帝、黄帝，但并没有说二人是兄弟，更没提及少典。由此可见，在史伯之后，司空季子之前，周人的古史系统又发生了改变。古训里的黄帝炎帝，成为了兄弟，是少典之子，姬姜之先。

这种古史系统的改变显然不是始于司空季子之时，年代还要早一些。《左传·庄公二十二年》记：

六、周人的炎黄古史系统

  陈厉公，蔡出也，故蔡人杀五父而立之。生敬仲。其少也，周史有以《周易》见陈侯者，陈侯使筮之，遇观☷☴之否☰☷，曰："是谓'观国之光，利用宾于王。'此其代陈有国乎？不在此，其在异国；非此其身，在其子孙……若在异国，必姜姓也。姜，大岳之后也……

可以注意，这里是周史在说"姜，大岳之后"。大岳即四岳，后来《国语·周语下》载周灵王的太子晋[1]之言，证明了四岳为姜姓的炎帝后裔：

  "晋闻古之长民者，不堕山，不崇薮，不防川，不窦泽……昔共工弃此道也，虞于湛乐，淫失其身，欲壅防百川，堕高堙庳，以害天下。皇天弗福，庶民弗助，祸乱并兴，共工用灭。其在有虞，有崇伯鲧，播其淫心，称遂共工之过，尧用殛之于羽山。其后伯禹念前之非度，厘改制量，象物天

---

[1] 《潜夫论》卷九记载太子晋早夭，"孔子闻之曰：'惜夫，杀吾君也！'"太子晋即后世所称仙人王子乔。

地，比类百则，仪之于民，而度之于群生。共之从孙四岳佐之，高高下下，疏川导滞，钟水丰物，封崇九山，决汨九川，陂鄣九泽，丰殖九薮，汨越九原，宅居九隩，合通四海……皇天嘉之，祚以天下，赐姓曰'姒'，氏曰'有夏'，谓其能以嘉祉殷富生物也。祚四岳国，命以侯伯，赐姓曰'姜'，氏曰'有吕'……此一王四伯，岂繄多宠？皆亡王之后也。唯能厘举嘉义，以有胤在下，守祀不替其典。有夏虽衰，杞、鄫犹在；申、吕虽衰，齐、许犹在……夫亡者岂繄无宠？皆黄、炎之后也……自后稷以来宁乱，及文、武、成、康而仅克安民。自后稷之始基靖民，十五王而文始平之，十八王而康克安之，其难也如是。厉始革典，十四王矣。基德十五而始平，基祸十五其不济乎……"

王卒壅之。及景王多宠人，乱于是乎始生。景王崩，王室大乱。及定王，王室遂卑。

《左传·哀公九年》也记史墨说："炎帝为火师，姜姓其后也。"但太子晋之言则详细说明了炎帝一共

六、周人的炎黄古史系统

工—四岳（姜）—齐、许和黄帝—鲧—禹—有夏—杞的两个系谱，还有有虞时期的尧殛鲧的故事，更兼以周人的世系：后稷之后十五王至文王，加武、成、康为十八王，其后厉王至灵王有十四王；后人补述太子晋的预言，加景王为十五王，始生祸乱，至（贞）定王，王室就卑微了。由太子晋之言可以看出，黄帝、炎帝、共工等与虞夏的关系已经大体清楚了。但是周人此时在后稷后只列得出十五王[1]，这比之夏商之君，要少近一半，然而周人也顾不上了。

考虑太子晋所提到的"许"，则周人第三阶段古史系统的形成时间，还可以更确定一些。《左传·隐公十一年》（前712）郑伯（庄公）"使公孙获处许西偏"，说："凡而器用财贿，无置于许。我死，乃亟去之。吾先君新邑于此，王室而既卑矣，周之子孙日失其序。夫许，大岳之胤也。天而既厌周德矣，吾其能与许争乎？"其言语和史伯教导其祖郑桓公之言有相承之处，但是所论古史则完全不同。郑庄公之言和太子晋接近，

---

[1]《周语下》记周敬王时卫彪傒也说及"后稷勤周，十有五世而兴，幽王乱之，十有四世矣"，敬王之后为元王，再下为（贞）定王。彪傒说周之祸乱虽与太子晋小异，但主体相同。

认许为四岳之后[1]，不同于史伯所说的"姜，伯夷之后也"。郑庄公元年是周平王二十八年（前743），因此周人古史系统的再一次转变，恐怕应该是在平王东迁不久之后就确立了，并很快得到了诸侯的认同。其变化之快，影响之深，令人惊叹。

2. 炎黄古史系统的细节

这个古史系统中的一些细节，从当时的君子之言里可以看出来。如《国语·鲁语上》记展禽（柳下季）之言，参以《礼记·祭法》是：

> 昔烈山氏之有天下也，其子曰柱，能殖百谷百蔬；夏之兴也，周弃继之，故祀以为稷。共工氏之伯九有也，其子曰后土，能平九土，故祀以为社。黄帝能成命百物，以明民共财，颛顼能修之。帝喾能序三辰以固民，尧能单均刑法以仪民，舜

---

[1] 清华简第五册《封许之命》篇，可惜脱首简一支，所见只讲吕丁辅佐文王武王，被（成王）封于许。从简2的"膺受大命"来看，简1讲的恐是文王之事，殆没有讲吕的先世。

六、周人的炎黄古史系统

勤民事而野死,鲧鄣洪水而殛死,禹能以德修鲧之功,契为司徒而民辑,冥勤其官而水死,汤以宽治民而除其邪,稷勤百谷而山死,文王以文昭,武王去民之秽。故有虞氏禘黄帝而祖颛顼,郊尧而宗舜;夏后氏禘黄帝而祖颛顼,郊鲧而宗禹;商人禘舜〈喾〉而祖契,郊冥而宗汤;周人禘喾而郊稷,祖文王而宗武王;幕,能帅颛顼者也,有虞氏报焉;杼,能帅禹者也,夏后氏报焉;上甲微,能帅契者也,商人报焉;高圉、大王,能帅稷者也,周人报焉……

这里主要说了虞夏商周四代与黄帝的关系,黄帝之后有颛顼、帝喾、尧、舜,而虞夏是禘黄帝而祖颛顼,商周是禘喾,有虞氏的幕能帅颛顼。烈山氏,或说即炎帝,但这恐是后来人的合并(虞夏商周四代与黄帝有关,与炎帝无关,展禽未必要说炎帝),因其资料较少，我们不妨阙疑[1]；共工，参照太子晋之言，其后人为鲧。

《国语·周语下》记伶州鸠之言"星与日辰之位，皆在北维。颛顼之所建也，帝喾受之"，与展禽之说相合。《左传·昭公八年》史赵说"陈，颛顼之族也……自幕至于瞽瞍无违命，舜重之以明德，置德于遂。遂世守之。及胡公不淫，故周赐之姓，使祀虞帝"，也说明虞舜是颛顼之后，其言与展禽所说有虞氏祖颛顼、幕能帅颛顼相应。可是前面已经讨论过，在西周时期，虞幕是没有和颛顼联系上的；而且商代甲骨文并未发现"商人禘舜〈喾〉而祖契，郊冥而宗汤"之事，因此展禽之言所说的应是新的古史系统，最多只是反映杞、宋等的祭祀情况。

《左传·昭公二十九年》记蔡墨（即史墨[2]）语也与展禽之言有相应之处：

---

[1] 黄彰健认为，"由《左传》看来，在颛顼氏以后，始以民事命官，故烈山氏之有天下，不能早于帝颛顼……但他应排列在帝喾之前，抑之后，仍无法决定，只有阙疑"（见氏著《中国远古史研究》，第45页），黄氏所考定古帝王尚多（如高阳氏、高辛氏）。实际上黄氏虽知阙疑，但过于相信郯子之言，以为信史，不知周人古史系统有多次构拟，恐不合适。

[2] 参见黔容《史墨史黯实为一人》，《社会科学辑刊》1983年第4期。

六、周人的炎黄古史系统

（魏）献子曰："社稷五祀，谁氏之五官也？"对曰："少皞氏有四叔，曰重、曰该、曰修、曰熙，实能金、木及水。使重为句芒，该为蓐收，修及熙为玄冥，世不失职，遂济穷桑，此其三祀也。颛顼氏有子曰犁，为祝融；共工氏有子曰句龙，为后土，此其二祀也。后土为社；稷，田正也，有烈山氏之子曰柱为稷，自夏以上祀之。周弃亦为稷，自商以来祀之。"

蔡墨谈社稷五祀，首先讲了少皞时有三祀，然后讲颛顼氏、共工氏之子各一，社稷之稷则由烈山氏之子柱和周弃先后担任。蔡墨的社稷之说和展禽之言相应，惟展禽说周弃是夏之兴后继柱，蔡墨说夏以上祀柱，商以来祀弃，小有不同[1]。

《左传·昭公十七年》所记郯子之言，又补充了一些细节：

---

[1] 按：蔡墨实际上道出了周人世系不长的事实，则相较而言，展禽之说构拟历史的特点更明显，而蔡墨采用的看来是其它的古史资料（有可能是周人最初的古史系统）。

秋，郯子来朝，公与之宴。昭子问焉，曰："少皞氏鸟名官，何故也？"郯子曰："吾祖也，我知之。昔者黄帝氏以云纪，故为云师而云名；炎帝氏以火纪，故为火师而火名；共工氏以水纪，故为水师而水名；大皞氏以龙纪，故为龙师而龙名。我高祖少皞挚之立也，凤鸟适至，故纪于鸟，为鸟师而鸟名：凤鸟氏，历正也；玄鸟氏，司分者也；伯赵氏，司至者也；青鸟氏，司启者也；丹鸟氏，司闭者也。祝鸠氏，司徒也；雎鸠氏，司马也；鸤鸠氏，司空也。爽鸠氏，司寇也；鹘鸠氏，司事也。五鸠，鸠民者也。五雉为五工正，利器用、正度量，夷民者也。九扈为九农正，扈民无淫者也。自颛顼以来，不能纪远，乃纪于近。为民师而命以民事，则不能故也。"仲尼闻之，见于郯子而学之。既而告人曰："吾闻之：'天子失官，官学在四夷'，犹信。"

这个系统提到了黄帝、炎帝、共工、太皞、少皞、颛顼。少皞先于颛顼，同蔡墨之言。《左传》在其后

六、周人的炎黄古史系统

记孔子之言,正说明郯子所述是周朝官方学术的内容。《逸周书·尝麦》里,黄帝"乃命少昊请司马鸟师",少昊的"司马鸟师"很重要,"正五帝之官";但此处黄帝和少皞(昊)悬隔,"司马鸟师"地位也相对较低,正反映了二者是不同时期的说法。《国语·楚语下》中观射父论"绝地天通",又对这一古史系统有补充:

> 昭王问于观射父,曰:"《周书》所谓重、黎实使天地不通者,何也?若无然,民将能登天乎?"
>
> 对曰:"非此之谓也。古者民神不杂……及少昊之衰也,九黎乱德,民神杂糅,不可方物……颛顼受之,乃命南正重司天以属神,命火正黎司地以属民,使复旧常,无相侵渎,是谓绝地天通。其后,三苗复九黎之德,尧复育重黎之后,不忘旧者,使复典之。以至于夏、商,故重、黎氏世叙天地,而别其分主者也。其在周,程伯休父其后也,当宣王时,失其官守,而为司马氏。宠神其祖,以取威于民……"

炎黄子孙的来源

《吕刑》中的"皇帝",史伯所说的"高辛氏",在《楚语》里成了"颛顼",又下连尧、夏、商、周;《楚语》里颛顼在少昊之后,同于蔡墨、郯子之言。

周人新的古史系统,除上举之人外,当时的闻人君子也都述及一些相关内容。如《昭公二十年》就记:"饮酒乐。(齐景)公曰:'古而无死,其乐若何!'晏子对曰:'古而无死,则古之乐也,君何得焉?昔爽鸠氏始居此地,季荝因之,有逢伯陵因之,蒲姑氏因之,而后大(太)公因之。古若无死,爽鸠氏之乐,非君所愿也。'"爽鸠氏乃少皞的司寇;有逢伯陵也有一些史迹,可与伶州鸠、裨灶之语相联系[1]。再如《左传·庄公三十二年》内史过答惠王称"有得神以兴,亦有以亡,虞、夏、商、周皆有之",《国语·周语上》所记言论较详,但论兴亡未提及虞,不过论虢将亡提及"昔尧临民以五";《僖公十一年》内史过赐晋惠公命,《国

---

[1] 参见李学勤《有逢伯陵与齐国》,《当代名家学术思想文库·李学勤卷》,万卷出版公司,2010。《国语·周语下》记伶州鸠说"我姬氏出自天鼋,及析木者,有建星及牵牛焉,则我皇妣大姜之侄伯陵之后,逢公之所凭神也"。《左传·昭公十年》有裨灶对子产之语:"今兹岁在颛顼之虚,姜氏、任氏实守其地,居其维首,而有妖星焉,告邑姜也。邑姜,晋之妣也。天以七纪,戊子逢公以登,星斯于是乎出,吾是以讥之。"《山海经·海内经》云伯陵是炎帝之孙。

六、周人的炎黄古史系统

语》引其言提及《夏书》;《左传·文公十八年》季文子让大史克答宣公云:"舜臣尧,宾于四门,流四凶族……是以尧崩而天下如一,同心戴舜,以为天子,以其举十六相、去四凶也。故虞书数舜之功,曰'慎徽五典,五典克从',无违教也。曰'纳于百揆,百揆时序',无废事也。曰'宾于四门,四门穆穆',无凶人也";《僖公三十三年》臼季曰:"舜之罪也殛鲧,其举也兴禹"(《国语·晋语五》略同);而《左传·文公五年》记"臧文仲闻六与蓼灭,曰:'皋陶、庭坚不祀忽诸'"[1];《昭公二十八年》载叔向之母道:"昔有仍氏生女,黰黑而甚美,光可以鉴,名曰玄妻。乐正后夔取之,生伯封,实有豕心,贪婪无餍,忿颣无期,谓之封豕。有穷后羿灭之,夔是以不祀……"记载了尧、舜、禹、皋陶、夔这些虞廷的人物及事迹,很可能当时《尧典》的主体、《尚书》中的虞夏书等已经成形了[2]。此中

---

[1] 《诗·鲁颂·泮水》云:"矫矫虎臣,在泮献馘;淑问如皋陶,在泮献囚。"皋陶与庭坚的关系,古人有不同认识,可参见黄彰健《中国远古史研究》,第42页注24。

[2] 《左传·昭公元年》还记赵孟说"虞有三苗,夏有观、扈,商有姺、邳,周有徐、奄",古书载是禹征三苗,此也算虞廷故事。

的皋陶,取代了《吕刑》中"折民惟刑"的伯夷[1];而《尧典》里是伯夷主持典礼,地位远不如《吕刑》中的三后之一了。这大概是因为周人为姜姓找到了炎帝作为祖先,就不再用伯夷了。

可以注意的是,少皞仅只有蔡墨、郯子和观射父提及,最多可以再加上晏子提及爽鸠氏,而观射父对少皞的评说不太好,可能少皞并非周人古史系统中的核心部分。《左传·僖公二十一年》记:"任、宿、须句、颛臾,风姓也,实司大皞与有济之祀,以服事诸夏。邾人灭须句。须句子来奔,因成风也。成风为之言于公曰:'崇明祀,保小寡,周礼也;蛮夷猾夏,周祸也。'若封须句,是崇皞、济而修祀纾祸也。'"成风之言,时代在公元前639年,当也属于新的古史系统之说。其言虽说明当时的古史系统中有太皞,但是其说的是太皞后裔服事华夏。太皞、少皞本是东夷领袖,看来是因为其后人服事华夏而得以进入周人的古史系统。

殆因此故,秦人接受周人的古史系统就有变化。

---

[1] 清华简《厚父》说皋陶是受帝命来助夏启的。

六、周人的炎黄古史系统

像史伯曾说嬴秦是伯翳之后，但秦襄公拥立周平王后，"自以为主少皞之神"。可是到春秋晚期的陕西凤翔1号秦公大墓（秦景公）的石磬铭文则说"天子匽喜，共桓是嗣。高阳有灵，四方以鼏"，将祖先追认至高阳了[1]。这很可能是因为少皞虽然属于周人的古史系统，但是是以服事者的形象出现的；而且主少皞的是商奄之民，秦人虽也属商奄之民，但是其本族还可另有追述。

楚人接受周人的古史系统则有一定的选择性。虽然观射父之言证实了周人新的古史系统，但是楚人地处偏远，文化整体上相对落后一些。《左传·僖公二十六年》记："夔子不祀祝融与鬻熊，楚人让之"，把祝融作为楚的祖先。这尚是旧的古史系统之说，其时新古史系统早已出现。而观射父答楚昭王的时代是在鲁昭公、定公之时了，楚昭王及其后代可能转而接

---

[1] 黄彰健在《论中国的古史系统·后记》中讨论石磬铭文，说高阳为少皞后裔，伯翳应为高阳氏八恺之一（《中国远古史研究》，第61页），恐皆不如其正文多所阙疑之风。

受了周人的新古史系统。但是他们可能并不提颛顼[1]，而只从老童讲起（详后）。只到后来，吞并诸国之后，才接受周人的古史系统，屈原在《离骚》中说及乃高阳之苗裔。但是他们还有别的古史系统。

与此相反，某些古史人物逐渐被清理出了古史系统，这可能是因为其后代已经绝嗣亡国了。比如在第二阶段虞夏商周四代型古史系统中的负面人物蚩尤，也是苗民的首领，此时已不见于古史系统中。至于后人把蚩尤作为非汉族的苗人之祖先，这其实已经是晚至20世纪的事情了[2]。

周人这个新的古史系统，是以炎黄为主体的多元系统，可以称为炎黄主体型古史系统。从目前的资料

---

[1] 2003年公布的新蔡葛陵楚简中，有学者认为出现了颛顼："昔我先出自颛顼，宅兹睢、漳，以选迁处"（参见董珊《新蔡葛简所见的"颛顼"和"睢漳"》，"简帛研究"网，2003年12月7日）。不过李学勤、裘锡圭等不同意其说，认为由清华简《楚居》来看，"颛顼"之释读不可信（参见李学勤《论清华简〈楚居〉中的古史传说》，《中国史研究》2011年1期；裘锡圭《说从"貴"声的从"贝"与从"乏"之字》，《文史》2012年第3辑）。不过据披露的安徽大学藏楚史类简来看，确实有楚人以颛顼为始祖的内容（简文从"颛顼生老童"起），故董珊之说还是存在一定的合理性。

[2] 参见王明珂《南方的蚩尤祖先》，《英雄祖先与弟兄民族：根基历史的文本与情景》，中华书局，2009，第169—171页。

六、周人的炎黄古史系统

看，其时代序列大体上是黄帝、少皞、颛顼、帝喾、尧、舜、禹、夏、商、周。黄帝是否像《逸周书·尝麦》那样直接先于或同时于少皞，虽不明朗，估计如此。此外，炎帝、共工、四岳、姜姓也成先后系列；而看太皞与少皞在名号上的意味，显然也有某种关系。烈山氏、太皞、共工也曾有天下，因资料较少，其与炎黄等人的时代关系不太明朗。此外，博物君子子产还说及金天氏等，但目前不知道他所说属于何时的故事。至于以金天氏为少皞，是后世的说法。黄帝、少皞、颛顼、帝喾、尧、舜、禹等人物中，颛顼和虞舜、夏后家族有亲缘关系很明显，太子晋之言里面有黄帝和鲧禹的关系，因此黄帝与颛顼、虞舜、夏后也是有亲缘关系的。但当时黄帝和颛顼的亲缘关系或许还不太直接，因为周人关心的主要是他们姬姓是黄帝之子得姓之一。在这个系统里，商人的祖先追溯得不够远，契任禹的司徒，这恐怕是别有意味的，周祖后稷早在第二阶段的古史系统中就是和禹并列的三后了。在这个新的古史系统里，周人更成为黄帝之后，后稷只是周的祖先序列中的一个人物，不再是始祖了。

3. 古史系统与礼制

与周人的第三次古史系统的建构相伴随的,也有礼制乃至文化体系的改变。前文述及从周穆王时起,青铜礼器发生了变化,与之同时必然有着礼制的变化。礼制变化的最终定型乃至许多重要内容的确定,恐怕是在春秋初年,平王东迁之后不久。《吕氏春秋·当染》载:"鲁惠公使宰让请郊庙之礼于天子,桓〈平〉王使史角往,惠公止之,其后在于鲁,墨子学焉。"何以周礼尽在鲁的鲁国会遗忘郊庙之礼,或许正是平王时礼制出现了革新。前述春秋早期的齐侯壶记齐侯让太子去宗周向宗伯、天子问礼,恐怕也表明平王时有了礼制变动,所以齐侯才要派太子专程去问礼。此外,据研究,《诗经》的主体部分结集,是在平王时期[1]。《尚书·文侯之命》是记的平王之事,比之晚的《秦誓》被列入《尚书》,或认为是秦统一的影响,但《大学》已引用之,似不若说《尚书》主体部分得以保存、整理,

---

[1] 参见许廷桂《〈诗经〉结集平王初年考》,《西南师院学报(社科版)》1979年第4期。

六、周人的炎黄古史系统

是平王时事。看来平王时周王朝虽弱,但文化建设却颇有功。河北定州八角廊汉简《文子》记文子答周平王问(今本《文子》多改为老子答文子问),虽为依托,但托之平王,良有以也。班固《汉书·古今人表》将周平王列为最低的"下下愚人",看来有失公允。研究青铜器的学者也指出:"在春秋时期,我们注意到周的器用限定制度在周人世界全域内得以实行……这种随葬青铜器所表现的广范围的对同一种礼制决定系统地遵守甚至在西周的大部分时间内都是看不到的,而是直到公元前771年王朝灭亡后才逐渐显现。鉴于这一时期的政治现实,在这种限定规则的传播中并没有出现一个中心驱动力;相反,我们所能见到的可能只是一种自发的过程,也就是说,共同的周人文化传统在新兴的政治中心受到了推崇与遵守。因此,尽管政治上并不统一,但共同享有的文化价值却将周人世界的贵族们联系得比从前更加紧密。这种现象在遍布周人世界的物质遗留中是清晰可见的……即便是像莒和郯这两个可能起源于东夷的诸侯国亦不例外。最能说明问题的要属南方的情况,在那里,周人的器用限定制度甚至被楚国所采用……从春秋中期开始,各地的非贵族文化也开始受到影响……"[1]

在没有武力为后盾的情况下，从周平王时开始的新礼制何以能够影响全体周人，值得深思。"罗泰视这种普遍接受周人器用限定制度的现象为'一个潜在的共同的政治宗教价值系统及贵族社会组织中的同一体'的反映"，李峰不同意，认为"东周时期持续的文化交融只不过是西周国家通过姬姓亲属的扩散以及姬姓与非姬姓之间的联姻所带来的种族融合在物质文化上的反映"[2]。这些说法都有一定的道理。

罗泰认为从出土铜器来看，东周中期发生了一次礼制改革，如铜器多自用而不再用作献祭给祖先等，它像是西周晚期礼制改革的重演，为了面对社会现实的改变而努力革新旧的标准，但两者都在传世文献中

---

[1] 李峰《西周的灭亡——中国早期国家的地理和政治危机》，第332—334 页。参见 Lothar von Falkenhausen, "the Waning of Bronze Age," eds., Michael Loewe and Edward L. Shaughnessy, *The Cambridge History of Ancient China : From the Origins Civilization to 221 B.C.* (Cambridge : Cambridge University Press, 1999), pp.471-525.

[2] 李峰《西周的灭亡——中国早期国家的地理和政治危机》，第333 页。参见 Lothar von Falkenhausen, "the Waning of Bronze Age," eds., Michael Loewe and Edward L. Shaughnessy *The Cambridge History of Ancient China, From the Origins Civilization to 221 B.C.*, p.544.

六、周人的炎黄古史系统

不见踪迹,而只能通过物质遗存来重建,它必定在公元前600年左右已经发生了[1]。本文则想强调一下如果梳理传世文献,这些礼制变革其实都有迹可循。虽然周平王的时代和公元前600年相差稍远,但仍然可以说古史系统和礼制变化相关。因为一则罗泰所利用的系统的出土材料均较晚;二则礼制改革由出现到完全实行,有一个较长的时期,如西周成王、周公开始的礼制改革到完成,历时数十年;三则前述齐侯壶是春秋早期器,已经不是祭祀祖先用之器了,相似的春秋早期铜器还有一些,只是尚没有出现大规模的春秋早期的随葬青铜器,不够系统罢了。

周平王及其史官所编制的新古史系统,看来很有政治成效,很快被各诸侯国、王公贵族认同。特别是太子晋所总结的"皆黄、炎之后也",炎黄子孙,天下一家。周人的这一古史系统,综合了各种材料,通过黄帝、炎帝,兼及其子孙臣属,乃至诸蛮夷中愿意或被迫称臣服事诸夏的人之先祖,使他们成为当时华夏

---

[1] Lothar von Falkenhausen, *Chinese Society in the Age of Confucius*:(1000–250 B.C.): *The Archaeological Evidence*, pp.293–301, 366–367.

诸国之祖[1]。也就是通过构造一个古史系统,来把这些国家都包括在炎黄子孙、臣属的范围以内,在其中来推行共同承认的周人的礼制,维护周天子的权威。陈致的研究结果表明:"平王东迁之后,'夏'的概念始被扩大到广大中原地区……它所包含的范围已不光是王畿以内,而是囊括了名义上尊奉周天子的中夏各诸侯国……'夏'与'中国'在春秋时期皆指中原地区以姬姜为主,居住着大量殷遗的各诸侯邦国……伴随着一统观念的形成,此地理文化概念乃逐渐形成为民族认同的'华夏'概念。顾立雅曾指出:所谓'华夏'概念的基准自古以来都是文化上的。中国人有其独特的生活,独特的实践文化体系,或冠之以'礼'。合乎这种生活方式的族群,则称为'中华民族'……这是一个文化涵化(Acculturation)的过程,变夷为夏,从而形成了中华民族的伟大主干……"[2]因此凡东周炎黄主体型古史系统所可能涉及的国家,就是华夏,代表着文明;而在此炎黄系统之外的则是蛮夷,代表着落后。

---

[1] 参见黄中业编著《西周封国》,《三代纪事本末》,辽宁人民出版社,1999。
[2] 参见陈致《夷夏新辨》,《中国史研究》2004年第1期,第16—17页。

六、周人的炎黄古史系统

文明和野蛮的标准,乃至于夷夏的差别,就在于是否遵守礼制。在这种文化价值观的压力下,炎黄子孙别无选择,只能服从、认同周礼和古史系统。像《左传·隐公十一年》记载:"春,滕侯、薛侯来朝,争长。薛侯曰:'我先封。'滕侯曰:'我,周之卜正也;薛,庶姓也,我不可以后之。'"薛侯和滕侯就是通过臣属关系来附属于炎黄主体型系统,并要根据古史系统来别姓氏,排先后。而鲁隐公派人调和二人矛盾,则是以周礼的"周之宗盟,异姓为后。寡人若朝于薛,不敢与诸任齿。君若辱贶寡人,则愿以滕君为请"为说,最终"薛侯许之,乃长滕侯"。周人这样的一种努力,显然取得了非常好的效果[1]。它使东周通过文化、礼制软实力,柔远能迩,维持了五百多年的统治,并深刻影响了后来的古史观、文明观。后世异族入主中原,也要打着炎黄苗裔的旗号,多数也接受了汉人的礼制。

由此我们可以总结出,周人的三阶段古史系统演变,并不是单独的行为,不仅出于内政外交的考虑,

---

[1] 附属于楚的曾,自称"余稷之玄孙",不称自己为黄帝后裔,或许与楚的古史系统追述有关。参见湖北省文物考古研究所、随州市博物馆《随州文峰塔M1(曾侯与墓)、M2发掘简报》,《江汉考古》2014年第4期。

而且伴随着礼制的变化及其定型、完成。由《周礼》来看,不仅具体从事古史系统编纂的史官属于礼官,而且古史系统本身可能就属于礼制的内容之一。《周礼》的成书年代虽然有争议,但确有某些古代的来源。而孔子向周守藏室之史老子问礼,或许就体现了礼、史相关。

七、黄帝一元古史系统

春秋末年,礼崩乐坏,周天子无力再造古史。但是新兴的诸侯,则在僭礼的同时,在自家一国内守一种等级制度,并乐意重构古史,为自家可能的统一天下寻找根据。这似乎再一次在某种程度上印证了礼制和古史系统之间的关系。由是,古史系统到了战国时期又发生了变化。但此时的变化已经不像周人的古史系统那样号令天下,莫敢不从了,而是诸侯各自为政,缺乏统一性,因此我们不把这些古史系统当作(全体)周人的古史系统。

1. 各国的古史系统

三家分晋之后,战国初期,魏文侯、魏武侯实力

炎黄子孙的来源

强盛,《竹书纪年》的原本或可能始兴于此时,当时人整理古史系统,大讲尧德衰,舜囚尧取帝位,后稷放帝子丹朱,益干启位,伊尹放太甲自立,共伯和干王位,具体背景还有待研究。

梁惠王败给齐国之后,田齐兴盛,齐威王时的陈侯因𬭚簋铭文说要"绍踵高祖黄帝",恐怕是为自家取代姜齐谋求天下找寻合理的解释。然而史赵曾说陈是颛顼、虞舜之后的,田齐要追祖黄帝,必然要认定黄帝是颛顼、虞舜的先祖,但是这一亲缘关系在周人的炎黄主体型古史系统里并不清晰,周人最关心的是自家是黄帝之后。展禽说"有虞氏禘黄帝而祖颛顼",如果把禘者视为远祖,那么这个矛盾就解除了。后来《礼记·丧服小记》和《礼记·大传》均记:"王者禘其祖之所自出,以其祖配之",或许就是为这一想法做通融的结果。但如此则姬周所禘的帝喾,也就成为始祖后稷所自出了。可是周人已经追认了黄帝,那么解决办法就只能说帝喾是黄帝之后。但这样一来,禘帝喾的商也是黄帝后裔了[1]。若然,如果有一天齐取代周,就只不过是黄帝后裔之间转移帝位罢了。而此时经过列国兼并,田氏代齐之后,不但太皞、少皞的后裔渐至亡绝,炎帝的后裔也亡绝了,因此新的黄帝一元型的古史系统应运而生。而且周人以炎黄为主体的多元古史系统,本来就是以黄帝系为主,大框架接近。因此黄帝一元的古史系统,容易让人接受。只是这个黄帝一元的古史系统,必须把旧有的以炎黄为主体的多元古史系统中的人物安排进来,才不致承传中断;同时这个古史系统不仅仅是时间先后一元,而且黄帝、颛顼、帝喾、虞、夏、商、周皆是亲属,不免需要弥缝辈分;而邹衍的五德终始说流行之后,帝数要应五,而且五行五色五方要相配,则又需有所选择而又要照顾"历史"成说。因此,古人言谈中提到了的一些人物,多有如下的结果:

一、被合并,如帝喾与高辛,颛顼与高阳——这种合并有的可能是缘于氏族与其名人,如尧与陶唐,

---

[1] 这或许是后来经学古文说后稷母姜嫄为帝喾元妃,殷契母曰简狄为帝喾次妃之说的来源。但到了《大戴礼记·帝系》,则说帝喾还是尧、挚之父,帝喾有四妃。

舜与有虞；有的则可能是氏族、部落的合流，如《左传·襄公十四年》范宣子所称"姜戎氏"，戎子驹支则自称"诸戎"；有的可能是拼合氏族与某种重要发明，如炎帝神农氏；有的可能是拼合氏族与居住地，如黄帝轩辕氏（或说黄帝居轩辕之丘；当然，"轩辕"也有不同解释）；自然也不乏综合几种因素以及还有其他原因者。

二、被收编为黄帝等人的臣子或师友，如仓颉、容成氏等（容成氏在《庄子·胠箧》篇中是古帝王之一，上博简《容成氏》开篇当也有容成氏，详后）。

三、逐渐被清理出历史之外，如有济等。

其代表作是《五帝德》《帝系》《世本》等书。不幸的是，这个古史系统出现了与系统化相伴随的紊乱，特别是辈分上的错乱颠倒。某些新构是和传承有矛盾的，如将"高阳"和"颛顼"合并，但其实在春秋时期周人的古史系统里，这些人是不同的（或者说在多数人眼中是不同的）。《左传·文公十八年》季文子让大史克答宣公，就同时提及"高阳氏有才子八人"，"颛顼氏有不才子"，还提及"高辛氏"，也没有说他是帝喾。因此顾颉刚会对此生疑，认为与其说高阳是颛顼，不

七、黄帝一元古史系统

如说高辛是颛顼[1]。

楚国国势一直较强,其古史系统可能至少有两系。由子弹库楚帛书来看,可能有以伏羲为祖的古史系统[2],此系统着力讲炎帝、祝融、共工、帝俊[3],颇不同于黄帝一元的古史系统,但这一系统多带有神话性。其讲帝俊,或可能和《山海经》有关。《山海经》有帝俊和黄帝两大系统,而讲帝俊的《大荒经》四篇和《海内经》一篇仍记有不少黄帝事[4],可见还是黄帝的影响大。但是,《离骚》《天问》《远游》等所述仍与中原的古史系统大体接近。不过屈原自谓的"帝高阳之苗裔",此高阳是否确指颛顼,还缺乏材料证实。在出土的战国时期的望山楚简、包山楚简、葛陵楚简中,楚国贵族常祭其"三楚先":老童、祝融、鬻熊(或写作穴熊

---

[1] 顾颉刚《中国上古史研究讲义》,第97—98页。

[2] 裘锡圭先生认为"伏羲"与《楚辞·九歌》中的"东皇太一"有关,见氏著"东皇太一"与"大鼋伏羲"》,陈致主编《简帛·经典·古史》,上海古籍出版社,2013。

[3] 或释俊为允,连下文读,则没有帝俊。

[4] 参见袁珂《〈山海经〉写作的时地及篇目考》,《中华文史论丛》,第七辑,上海古籍出版社,1978,第155页。按:袁文隐含有将帝俊和商先祖夒相联系之义,本文并不认同。

等[1]），这应该是其本族的始祖系谱中的重要人物。但清华简《楚居》则追述自季连，其后有鬻熊，却并非季连子孙。而按照《大戴礼记·帝系》《世本》等的说法，季连为陆终（即祝融）之子，季连产付祖氏，付祖氏产内〈穴〉熊。赵平安解释《楚居》里的内容，指出："季连娶盘庚后人妣隹为妻，生䋝伯和远仲，鬻熊娶妣𡜗为妻，生侸叔、丽季。季连和鬻熊的子辈，取名犹熊严四子伯霜、仲雪、叔堪、季徇，排行一贯而下，值得引起重视。大家知道，在这个传统文化里，贵族男子的名字前面往往加伯（或孟）仲、叔、季。不仅兄弟之间如此，堂兄弟之间也往往如此。因此我们很容易联想到䋝伯、远仲、侸叔、丽季是堂兄弟关系。这样，季连和鬻熊便不是像传世文献记载的那样，而应是兄弟关系。事实可能是，季连虽有两个儿子，却并没有传位给儿子，而是传位于弟弟鬻熊。再由鬻熊传位于小儿子丽季，即传世文献中的熊丽。季连和鬻熊虽然都是楚的先公，但季连一支没有继位，楚的大

---

[1] 参见李家浩《包山楚简所记楚先祖名及其相关的问题》，《文史》，第42辑，中华书局，1997；《楚简所记楚人祖先"㐭（鬻）熊"与"穴熊"为一人说——兼说上古音幽部与微、文二部音转》，《文史》2010年第3辑（总第92辑）。

七、黄帝一元古史系统

位赖鬻熊一支得以传延。对楚的后人来说，与鬻熊有血亲关系，是鬻熊的直系亲属。这应是鬻熊置于三楚先的原因之一。另一个原因是，楚人称做楚人是从鬻熊开始的……因为为妣㛨包扎伤口用的是'楚'，为了纪念妣㛨，楚人便从此称做'楚人'。很清楚，在楚人心目中，所谓'楚人'是鬻熊和妣㛨生养出来的。"[1]这说明《大戴礼记·帝系》《世本》等的说法并不可靠。

秦人在秦襄公时"自以为主少皞之神"，后来又自认为高阳之后。则秦人的古史系统，可能也有两系，一是认同商奄之民，主少皞；一是本族追源至高阳。秦文公曾作鄜畤，祭白帝；后来秦宣公作密畤，祭青帝；其后秦灵公作吴阳上畤，祭黄帝；作下畤，祭炎帝；秦献公作畦畤祀白帝，这些可能偏重于数术。然而无论如何，楚、秦的古史系统仍然免不了和炎帝、黄帝系统发生关系，这当是源自周人古史系统的影响。

---

[1] 赵平安《"三楚先"为何不包括季连》，台北中央研究院历史语言研究所"第三届古文字与古代史国际学术研讨会"论文，2011年3月25—27日。

2. 诸子的古史系统

战国时的古史系统不仅有诸侯国的有意建构，更有诸子百家的整理，而诸侯建构古史系统也往往利用百家学者。当时讲黄帝之言者最多，这和黄帝在古史系统中的地位不无关系。儒家有据说来自孔子的《五帝德》，讲黄帝之后五帝一元，但是上博简《子羔》却讲孔子说禹契稷皆无父感天而生。前者的说法符合齐国改造后的古史系统，后者的说法则符合周人的古史系统，说自不同，造成了后世今古文经学的差别[1]。不过二者皆讲虞廷尧舜禹契稷之事，说明《子羔》也不纯粹，其实是综合了周人的古史系统。上博简《容成氏》篇也涉及尧舜禹契稷的事迹；但郭店简《唐虞之道》篇简 10 尚提到"禹治水，益治火，后稷治土"，可惜简文有残损，未见到"契"；而《孟子·滕文公上》说："尧独忧之，举舜而敷治焉。舜使益掌火……禹疏九

---

[1] 参见鲁瑞菁《上海博物馆藏战国楚竹书〈子羔〉感生神话内容析论——兼论其与两汉经说的关系》，《传统中国研究集刊》第 1 辑，上海人民出版社，2006，第 306 页。

河……后稷教民稼穑……使契为司徒……"《管子·法法》有："舜之有天下也，禹为司空，契为司徒，皋陶为李，后稷为田。"所说古史人物，尧舜禹最为常见，尧舜禹契稷逐渐固定，成为种种古史传说的核心，益和皋陶[1]尚时见论述。这种差异表明当时人对于尧舜禹契稷有逐渐建构系统的动向。

其时影响很大的还有邹衍所创的五德终始说，他让古史世系围绕五行变化，以致到了汉代争论帝运服色，后世仍有讲论者；影响所及，还有《五帝德》等的五帝是黄帝、颛顼、帝喾、尧、舜，而《吕氏春秋》中的五帝是太皞、炎帝、黄帝、少皞、颛顼，成为不同的系统。

战国时还有一大思想潮流是讲禅让，很多学派都讲，以致据说秦孝公要禅位给商鞅，公孙衍欲说秦王让国于张仪，梁惠王要让位给惠施，传说蜀帝杜宇让其相鳖灵，而燕国真的发生了燕哙禅位给其相子之之事，终于酿成大祸，以致孟子、荀子对禅让有新解释。当时宣讲禅让，郭店简《唐虞之道》只是说"六帝"皆

---

[1] 在清华简第五册《厚父》篇中，皋陶是天帝命来辅佐夏启的人，这与《尧典》等所载不同。

如此，上博简《容成氏》开篇有缺简，但是可知的据说是禅让的古代人物也还存留有"［容成氏］……［尊］卢氏、赫胥氏、乔结氏、仓颉氏、轩辕氏、神农氏、椲（？）丨氏、墉遅氏"，以及□□氏[1]、有虞迵[2]，尧、舜、禹，这些是虚构还是拼合了较早的古史人物抑或兼而有之，还有待研究。儒家在《易传》中提到了早于黄帝的伏羲氏、神农氏。伏羲与子弹库帛书可以对应；神农氏见于《容成氏》，《孟子·滕文公上》也记载当时"有为神农之言者许行"。《管子·封禅》篇把这两人纳入了封禅系统，并在其前加了无怀氏。而《庄子·胠箧》则大讲尧舜德行不够，遂讲早于尧舜的容成氏等人物，也包括伏羲、神农[3]。后人遂将太皞、炎帝配伏羲、神农。此外《韩非子·五蠹》、《吕氏春秋·古乐》等还提到了一些古史人物。

---

[1] 参见陈剑《上博楚简〈容成氏〉与古史传说》，"中国南方文明研讨会"论文，中国台北中央研究院历史语言研究所，2003年12月19—20日；《战国竹书论集》，上海古籍出版社，2013。

[2] 参见郭永秉《帝系新研——楚地出土战国文献中的传说时代古帝王系统研究》，北京大学出版社，2008。

[3] 按：《鬼谷子》佚文也有《胠箧》篇，有佚文存。佚文虽无此一段，但与《胠箧》重复者多，可能原本有此一段。

七、黄帝一元古史系统

　　综上可见,在周人的古史系统之后,诸侯、诸子又导致了古史系统的差异,不仅不同地域有不同的整理和认同,甚至同一大门派之内的小宗派之间也有不同说法,而不仅是蒙文通所说江汉、河洛、海岱三个文化区系传说之史不同。

八、结语

　　由上述分析可知,真实的上古史(历史1),早已经离我们远去;但许多氏族对于上古史皆有叙述(历史2),这些叙述是神话、传说和史实杂糅的古史资料;力量大的邦国,会统合许多历史叙述,而形成古史系统(历史3),以之为"真实"的历史。周人在君临天下之后,为了统治需要,不断地统合各族的历史叙述,形成自家的古史系统,先后有夏商周三代型古史系统、虞夏商周四代型古史系统、炎黄主体型古史系统。最终形成的以炎黄二帝为主体的古史系统对于后世的影响很大。战国时期,由于姜齐被陈氏所代,炎帝后裔不存,许多人又创建了以黄帝为中心的古史系统以及其它古史系统。黄帝一元的古史系统成为了后世古史系统的主干。汉以后的《史记》《华阳国志》以及正史、野史等，多接受了这个系统。

孔子说："周监于二代，郁郁乎文哉！吾从周。"（《论语·八佾》）今天我们的文化，还在很大程度上受到周代文化的影响。我们目前所能考察的"古史"系统，也都是周人所建构及后代在此基础上调整的。因此，周人所构建的历史观，特别是所提出的炎黄古史系统，正如前文所述，在当时代表着文明与野蛮之别，是一种无形的文化软实力，让所有人都要主动去纳入这个系统。所以，炎黄子孙，当然是一个来源久远的话语，绝不是清末民初才出现的"想象的共同体""被发明的传统"。这些理论虽然在某种程度上很有见地，但并不是解释一个历时性传统的灵丹妙药。那些考察底层民众的族源传说的文章，虽然符合时代潮流，但毕竟经典描述才是被政权、士人所承认的来源。一个源远流长的话语，没有必要去迎合西方的"科学"、解构。这种周人所承认的礼制、历史的叙述，当然也不可能对应考古学所构建的地层变化，特别是夏商以前的考古学叙述，因为这是两种不同的操作。考古和历史的双轨制叙述应该分开。

这就是我们的文化传统。虽然最初谁是正宗的炎

炎黄子孙的来源

黄子孙，在今天已经无法考实，但是周以后的国族民众，只要认同这个叙述、这个文化传统的，就都可以算作炎黄子孙。虽然后来又出现了黄帝一元的古史系统，诸侯国都追祖黄帝，但既然炎帝黄帝是兄弟，那么此后的国族民众，仍然可以看作炎黄子孙。

在中国历史上，也有一些民族并不追祖炎帝黄帝，如今也融入中华民族之中。甚至也曾经有一些民族是被我们认为等同于古代的某些部落，被炎帝黄帝安置于边远地方，其实其自身的传说中并没有这个部落及炎黄的传说。如今，DNA检测的技术对于人类的起源、分布有了新的说法。也许，到了大同世界，民族差别或许会被弥合。但在今天，炎帝黄帝作为联络华人华侨的精神纽带，无疑还是有其作用的。他们都是周人的礼制中所确定的远祖，也是文明的象征，是当时各族共同的自觉尊崇对象，其人文遗泽，光被禹域九州，远闻他乡异域。它不应该是封闭的民族标志，而应该是随时代生长的精神特质。古人所言"德"决定了姓氏，氏族完全可以和今天的民族、国家联系起来。今天，我们应该继承炎黄绵延不绝的精神力量，再铸新时代的文明！

参考书目

[1] 顾颉刚《与钱玄同先生论古史书》,顾颉刚编著《古史辨》,第一册,上海古籍出版社,重印本,1982。

[2] 李锐《新出简帛的学术探索》,北京师范大学出版社,2011。

[3] 郭沫若《郭沫若全集·历史编》,人民出版社,1982。

[4] 李学勤《走出疑古时代》,《中国文化》,第七期,北京,三联书店,1993年1月。

[5] 李学勤《古史、考古学与炎黄二帝》,《走出疑古时代》,辽宁大学出版社,1997,第2版。

[6] 裘锡圭《新出土先秦文献与古史传说》,《中国出土古文献十讲》,复旦大学出版社,2004。

[7] 李锐《"二重证据法"的界定及规则初探》,《历史研究》,2012年第4期。
[8] 王煦华《试论顾颉刚的疑古辨伪思想》,《中国哲学》,第十七辑,岳麓书社,1996。
[9] 叶瑛《文史通义校注》,中华书局,1994。
[10] 顾颉刚《崔东壁遗书》,上海古籍出版社,1983。
[11] 〔清〕戴震《戴震全集》,清华大学出版社,1992。
[12] 〔清〕马瑞辰《毛诗传笺通释》,中华书局,1989。
[13] 〔清〕黄以周《黄以周全集》,上海古籍出版社,2014。
[14] 〔宋〕罗泌《路史》,〔明〕乔可传本。
[15] 〔清〕陈启源《毛诗稽古编》,〔清〕阮元、王先谦编《清经解·清经解续编》,上海书店,1988年10月影印本。
[16] 梁启超《中国历史研究法》,上海古籍出版社,1998。
[17] 顾颉刚编著《古史辨》,第二册,上海古籍出版

社,1982年影印本。

[18] 顾颉刚《顾颉刚日记》,联经出版事业股份有限公司,2007。

[19] 顾颉刚《顾颉刚读书笔记》,中华书局。2011。

[20] 王国维《古史新证——王国维最后的讲义》,清华大学出版社,1994。

[21] 蒙文通《古史甄微》,巴蜀书社,1999。

[22] 徐旭生《中国古史的传说时代》,广西师范大学出版社,2003。

[23] 王泛森《中国近代思想与学术的系谱》,河北教育出版社,2001。

[24] 王明珂《英雄祖先与弟兄民族:根基历史的文本与情景》,允晨文化实业股份有限公司,2006。

[25] 张光直《古代中国考古学》,印群译,辽宁教育出版社,2002。

[26] 杨宽《中国上古史导论》,吕思勉、童书业编著《古史辨》,第七册上编,上海古籍出版社,1982年影印本。

[27] 苏秉琦《中国文明起源新探》,三联书店,

1999。

[28] 王志平《黄帝子孙与民族认同》,《学灯》,第二辑,上海古籍出版社,2018。

[29] 李零《李零自选集》,广西师范大学出版社,1998年第2版。

[30] 李零《帝系、族姓的历史还原——读徐旭生〈中国古史的传说时代〉》,《文史》2017年第3期。

[31] 黄彰健《中国远古史研究》,中央研究院历史语言研究所,1996。

[32] 陶磊《巫统、血统与古帝传说》,浙江古籍出版社,2010。

[33] 顾颉刚《〈逸周书·世俘篇〉校注、写定与评论》,《文史》,第二辑,中华书局,1963。

[34] 顾颉刚、刘起釪《尚书校释译论》,中华书局,2005。

[35] 田勇、王明钦《湖北荆州刘家台与夏家台墓地发现大批战国墓葬》,《中国文物报》2016年4月8日。

[36] 李锐《读上博八札记》,《出土文献研究》,第十一辑,中西书局,2012。

[37] 银雀山汉墓竹简整理小组《银雀山汉墓竹简[壹]》，文物出版社，1985。

[38] 银雀山汉墓竹简整理小组《银雀山汉墓竹简[贰]》，文物出版社，2010。

[39] 李锐《同文与族本——新出简帛与古书形成研究》，中西书局，2017。

[40] 裘锡圭《释〈子羔〉篇"铊"字并论商得金德之说》，《简帛》第2辑，上海古籍出版社，2007。

[41] 常金仓《中国神话学的基本问题：神话的历史化还是历史的神话化》，《二十世纪古史研究反思录》，中国社会科学出版社，2005。

[42] 黄铭崇《古史即"神话"——以〈大荒经〉及〈尧典〉为中心的再检讨》，《新史学》第7卷第3期。

[43] 刘起釪《尚书学史（订补本）》，中华书局，1996。

[44] 黄怀信《逸周书校补注译（修订本）》，三秦出版社，2006。

[45] 杨筠如《尚书覈诂》，陕西人民出版社，2005。

[46] 李锐《读清华简札记（五则）》，《简帛研究

二〇一二》,广西师范大学出版社,2013。
[47] 徐复观《中国人性论史(先秦篇)》,台湾商务印书馆股份有限公司,1994。
[48] 刘起釪《〈洪范〉成书时代考(附今译)》,《尚书研究要论》,齐鲁书社,2007。
[49] 刘起釪《〈洪范〉成书时代考(附今译)》,《中国社会科学》1980年第3期。
[50] 李学勤《帛书〈五行〉与〈尚书·洪范〉》,《简帛佚籍与学术史》,江西教育出版社,2001。
[51] 李学勤《叔多父盘与〈洪范〉》,《中国古代文明研究》,华东师范大学出版社,2005。
[52] 丁四新《近九十年〈尚书·洪范〉作者及著作时代考证与新证》,《中原文化研究》2013年第5期。
[53] 李若晖《〈尚书·洪范〉时代补证》,《中原文化研究》2014年第1期。
[54] 庞光华《"司空"新考——兼考〈尚书·洪范〉的成书年代及其他》,《上古音及相关问题综合研究:以复辅音生母为中心》,暨南大学出版社,2015。
[55] 李妙麟《〈洪范〉成书时代问题探究》,北京师

范大学硕士学位论文,2017年5月。

[56] 陈致《从礼仪化到世俗化:〈诗经〉的形成》,吴仰湘等译,上海古籍出版社,2009。

[57] 丁山《神话观之夏、商、周、秦建国前的先王世系》,《中国古代宗教与神话考》,龙门联合书局,1961;陈梦家:《殷虚卜辞综述》,中华书局,1988。

[58] 常玉芝《商代宗教祭祀》,中国社会科学出版社,2010。

[59] 王叔岷《史记斠证》,中华书局,2007。

[60] 李锐《读楚简札记》,《古文字研究》第28辑,中华书局,2010。

[61] 周书灿《有关周初陈、杞封建的几个问题》,《河北师院学报(社会科学版)》1996年第4期。

[62] 顾颉刚、史念海《中国疆域沿革史》,商务印书馆,1999。

[63] 李锐《"阴阳"与"中"》,《深圳大学学报(人文社会科学版)》2012年第3期。

[64] 李学勤《"天亡"簋试释及有关推测》,《三代文明研究》,商务印书馆,2011。

[65] 张怀通《〈王会〉与西周时代的民族及方物》,《〈逸周书〉新研》,中华书局,2013。

[66] 李学勤《齐侯壶的年代与史事》,《文物中的古文明》,商务印书馆,2008。

[67] 裘锡圭《史墙盘铭解释》,《文物》1978年第3期。

[68] 程元敏《尚书周书牧誓洪范金縢吕刑篇义证》,万卷楼图书股份有限公司,2012。

[69] 李学勤《〈尝麦〉篇研究》,《古文献丛论》,上海远东出版社,1996。

[70] 杰西卡·罗森《青铜铸造技术革命及其对各地铸造业的影响》,《祖先与永恒:杰西卡·罗森中国考古艺术文集》,邓菲等译,三联书店,2011。

[71] 曹玮《从青铜器的演化试论西周前后期之交的礼制变化》,"周秦文化国际研讨会论文",西安,1993年;《周秦文化研究》编委会编《周秦文化研究》,陕西人民出版社,1998。

[72] 罗泰(Lothar von Falkenhausen)《有关西周晚期礼制改革及庄白微氏青铜器年代的新假设:从世系铭文说起》,中国台北研究院历史语言研

究所编《中国考古学与历史学之整合研究国际研讨会论文集》，1997。

[73] Lothar von Falkenhausen, *Chinese Society in the Age of Confucius (1000—250 B.C.): The Archaeological Evidence* (Los Angeles: Cotsen Institute of Archaeology Press, 2006).

[74] 郭宝钧遗著，邹衡、徐自强整理《商周铜器群综合研究·整理后记》，文物出版社，1981。

[75] 李峰《西周的灭亡——中国早期国家的地理和政治危机》，徐峰译、汤惠生校，上海古籍出版社，2007。

[76] 张懋镕《金文所见西周召赐制度考》，《古文字与青铜器论集》，科学出版社，2010。

[77] 谢维扬《周代昭穆制度》，《周代家庭形态》，中国社会科学出版社，1990。

[78] 陈戍国《先秦礼制研究》，湖南教育出版社，1991。

[79] 陈致《清华简中所见古饮至礼及〈耆夜〉古佚诗试解》，李学勤主编《出土文献》，第一辑，中西书局，2010。

[80] 黄铭崇《从考古发现看西周墓葬的"分器"现象与西周时代礼器制度的类型与阶段》(上篇)、(下篇),台湾《中央研究院历史语言研究所集刊》,第八十三本第四分(2012年),第八十四本第一分(2013年)。

[81] 韩巍《由新出青铜器再论"恭王长年说"(初稿)》,"简帛文献与古代史"学术研讨会暨第二届出土文献青年学者论坛会议论文,2013年10月19—20日,上海,复旦大学。

[82] 王治国《四十三年逨鼎铭文所反映的西周晚期册命礼仪的变化》,朱凤瀚主编《新出金文与西周历史》,上海古籍出版社,2011。

[83] 李学勤《𣪘其三卣与有关问题》,胡厚宣主编《全国商史学术讨论会论文集》,《殷都学刊》增刊,1985年。

[84] 李学勤《谈叔矢方鼎及其他》,《中国古代文明研究》,华东师范大学出版社,2005。

[85] 李学勤《"天亡"簋试释及有关推测》,《三代文明研究》,商务印书馆,2011。

[86] 顾颉刚《中国上古史研究讲义》,中华书局,

1988。

[87] 李学勤《谈祝融八姓》,《李学勤集——追溯·考据·古文明》,黑龙江教育出版社,1989。

[88] 傅斯年《〈新获卜辞写本后记〉跋》,《民族与古代中国史》,河北教育出版社,2002。

[89] 黄怀信等《逸周书汇校集注(修订本)》,上海古籍出版社,2007。

[90] 杨希枚《〈国语〉黄帝二十五子得姓传说的分析(上)》,《先秦文化史论集》,中国社会科学出版社,1995;王国维:《观堂集林·附别集》,中华书局,1959。

[91] 涂白奎《郆国之姓考辨》,《史学月刊》2008年第7期。

[92] 黔容《史墨史黯实为一人》,《社会科学辑刊》1983年第4期。

[93] 李学勤《有逢伯陵与齐国》,《当代名家学术思想文库·李学勤卷》,万卷出版公司,2010。

[94] 董珊《新蔡楚简所见的"颛顼"和"雎漳"》,"简帛研究"网,2003年12月7日。

[95] 李学勤《论清华简〈楚居〉中的古史传说》,《中

国史研究》2011年1期。

[96] 裘锡圭《说从"𠂤"声的从"贝"与从"乏"之字》,《文史》2012年第3辑。

[97] 王明珂《南方的蚩尤祖先》,《英雄祖先与弟兄民族:根基历史的文本与情景》,中华书局,2009。

[98] 许廷桂《〈诗经〉结集平王初年考》,《西南师院学报(社科版)》1979年第4期。

[99] Lothar von Falkenhausen, "the Waning of Bronze Age," eds., Michael Loeweand Edward L. Shaughnessy, *The Cambridge History of Ancient China : From the Origins Civilization to 221 B.C.* (Cambridge : Cambridge University Press, 1999).

[100] 黄中业编著《西周封国》,《三代纪事本末》,辽宁人民出版社,1999。

[101] 陈致《夷夏新辨》,《中国史研究》2004年第1期。

[102] 湖北省文物考古研究所、随州市博物馆《随州文峰塔M1(曾侯与墓)、M2发掘简报》,《江

汉考古》2014年第4期。

[103] 裘锡圭《"东皇太一"与"大鼋伏羲"》，陈致主编《简帛·经典·古史》，上海古籍出版社，2013。

[104] 袁珂《〈山海经〉写作的时地及篇目考》，《中华文史论丛》，第七辑，上海古籍出版社，1978。

[105] 李家浩《包山楚简所记楚先祖名及其相关的问题》，《文史》，第42辑，中华书局，1997。

[106] 李家浩《楚简所记楚人祖先"媸（鬻）熊"与"穴熊"为一人说——兼说上古音幽部与微、文二部音转》，《文史》2010年第3辑（总第92辑）。

[107] 赵平安《"三楚先"为何不包括季连》，中国台北研究院历史语言研究所"第三届古文字与古代史国际学术研讨会"论文，2011年3月25—27日。

[108] 鲁瑞菁《上海博物馆藏战国楚竹书〈子羔〉感生神话内容析论——兼论其与两汉经说的关系》，《传统中国研究集刊》第1辑，上海人民

出版社，2006。

[109] 陈剑《上博楚简〈容成氏〉与古史传说》，"中国南方文明研讨会"论文，中国台北研究院历史语言研究所，2003年12月19—20日；《战国竹书论集》上海古籍出版社，2013。

[110] 郭永秉《帝系新研——楚地出土战国文献中的传说时代古帝王系统研究》，北京大学出版社，2008。